Ing. (grad.) Josef Vogelmann

Darstellende Geometrie

kurz und bündig

Die Lehre vom richtigen Zeichnen – eine Grundlage des technischen Zeichnens

VOGEL-VERLAG

Vogelmann, Josef
Darstellende Geometrie: d. Lehre vom richtigen Zeichnen, e. Grundlage
d. techn. Zeichnens. –
Würzburg: Vogel, 1976.
(Kamprath-Reihe kurz und bündig)

ISBN 3-8023-0100-5

Printed in Germany

Herstellung Vogel-Verlag, Grafischer Betrieb, Würzburg

Vorwort

Das vorliegende Buch ist für Schüler technischer Gymnasien gedacht, für Studierende der technischen Wissenschaften an Universitäten, Fachhochschulen und Technikerschulen und für Ingenieure, die in der Berufspraxis stehen.
Es soll als Nachschlagewerk bei der Arbeit im Hörsaal und am Konstruktionsbrett dienen und die Entwicklung des räumlichen Vorstellungsvermögens unterstützen. Dementsprechend ist „Darstellende Geometrie – kub“ eine pädagogische Handreichung und kein Rezeptbuch.
Im Technischen Zeichnen, der weltweiten Sprache des Ingenieurs, Konstrukteurs und des Technikers, kommt den Grundlagen der Darstellenden Geometrie die Rolle einer „Orthographie“ zu: Ohne Darstellende Geometrie ist eine Verständigung in der Sprache der Zeichnung nicht möglich.
Mit Hilfe der Darstellenden Geometrie läßt sich ein vorhandenes oder erdachtes Gebilde so zeichnen, daß man aus der Zeichnung die Abmessungen und die Form des Gebildes erkennen kann.
Der Stoff wurde für dieses Buch so aufbereitet, daß man ihn auch im Selbststudium wirkungsvoll verarbeiten kann.
Es ist jenem Lehr- und Lernstoff der Vorzug gegeben, der die Aktivität des Lernenden herausfordert.
Neben den Grundlagen über Punkte, Linien, Strecken, ebenflächige und krummflächige Ebenen und ihre gegenseitigen Beziehungen werden die wichtigsten Körperschnitte und Körperdurchdringungen behandelt.
Klare mehrfarbige Zeichnungen mit knappem Text vermitteln in Verbindung mit anschaulichen Raumbildern die manchmal nicht einfache Stoffmaterie. Die Raumbilder sind in dimetrischer Parallelprojektion ausgeführt. Zur Selbstkontrolle sind am Schluß wichtiger Stoffabschnitte Aufgaben (mit Ergebnissen) gestellt, die der Leser selbständig lösen sollte, will er erfolgreich studieren.

Aalen-Wasseralfingen *Josef Vogelmann*

Inhaltsverzeichnis

1. Einleitung

1.1. Einführung mit Zeichenerklärung

Die darstellende Geometrie lehrt, wie man **räumliche Objekte** und im Raum auszuführende Konstruktionen auf einer Ebene – **Zeichenebene** – durch Zeichnung abbildet und aus diesen Abbildungen die **Größe, Gestalt** und **Lage** sowie bestehende Beziehungen zwischen abgebildeten Gegenständen erkennen kann.

> Beachte: Die darstellende Geometrie lehrt Abbildungsverfahren, die räumliche Objekte **(dreidimensional)** durch ebene Zeichnungen **(zweidimensional)** wiedergeben.
> Hierbei nimmt man den Nachteil der wenig guten Anschaulichkeit zugunsten einer maßgetreuen Abbildung gern in Kauf, da durch entsprechende Schulung des Vorstellungsvermögens die Nachteile abgebaut werden können.

> **Maßgetreue Abbildung ⟷ schlechte Anschaulichkeit**

Zeichenerklärung

Es bedeuten:

Große lateinische Buchstaben	=	Punkte (A, B, C ...)
Kleine lateinische Buchstaben	=	Linien (g, l, s ...)
Kleine griechische Buchstaben	=	Winkel (α, β, γ ...)
P'	=	Bildpunkt von P im Grundriß π_1
P''	=	Bildpunkt von P im Aufriß π_2
P'''	=	Bildpunkt von P im Seitenriß π_3
S	=	Spurpunkt einer Geraden
g'	=	Bildgerade von g im Grundriß π_1
g''	=	Bildgerade von g im Aufriß π_2
g'''	=	Bildgerade von g im Seitenriß π_3

Der Buchstabe (klein) e wird für die Bezeichnung einer Ebene verwendet.

e_1	=	Ebenenspur der Ebene e im Grundriß π_1
e_2	=	Ebenenspur der Ebene e im Aufriß π_2
e_3	=	Ebenenspur der Ebene e im Seitenriß π_3

α'	= Bild des Winkels α im Grundriß π_1
α''	= Bild des Winkels α im Aufriß π_2
α'''	= Bild des Winkels α im Seitenriß π_3
g_0, l_0, s_0	= Wahre Länge der Strecke g, l oder s
$\alpha_0, \beta_0, \gamma_0$	= Wahre Größe der Winkel α, β, γ
π_1	= Grundrißebene
π_2	= Aufrißebene
π_3	= Seitenrißebene
π_4	= beliebige Hilfsebene
$\parallel$	= parallel
⊾	= rechter Winkel
$\sphericalangle$	= Winkel
$\perp$	= senkrecht
$\triangle$	= Dreieck
x_{12}	= Schnittlinie von π_1 und π_2
x_{23}	= Schnittlinie von π_2 und π_3
x_{13}	= Schnittlinie von π_1 und π_3
h	= Höhenlinie
f	= Frontlinie
H	= horizontaler Spurpunkt
V	= vertikaler Spurpunkt
$\overline{AB}$	= Strecke AB

1.2. Zentralprojektion

Die Anschaulichkeit des Bildes von einem räumlichen Gegenstand wird mittels der **Zentralprojektion,** die nichts anderes ist als eine naturgetreue Nachempfindung des natürlichen Sehvorganges, am besten verwirklicht.
Sämtliche **Sehstrahlen, Projektionsstrahlen,** gehen bei der Zentralprojektion wie in Bild 1.1 skizziert, von einem oder zwei im **Endlichen** liegenden punktförmigen **Projektionszentrum,** Auge, aus und bilden zu jedem Punkt des abzubildenden Körpers Verbindungslinien. Die Bildebene wird von diesen Strahlen in den sogenannten **Bildpunkten** durchstoßen. Die meist senkrecht angeordnete Bildebene kann vor oder hinter dem abzubildenden Gegenstand, in beliebigem Abstand, angeordnet sein. Die Lage des Projektionszentrums sollte nicht mit der Bildebene zusammenfallen.

Die Zentralprojektion liefert **naturgetreue Abbildungen** von räumlichen Gegenständen.
Bei allen, infolge Zentralprojektion abgebildeten Gegenständen erhält man eine **sehr gute Anschaulichkeit,** die **Maßhaltigkeit** dagegen ist **unbefriedigend.**

Bild 1.1 Zentralprojektive Objektabbildung

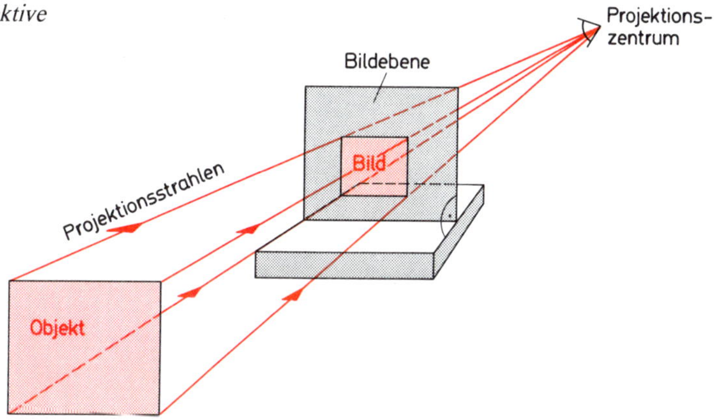

1.3. Parallelprojektion

Wie in Bild 1.2 zu erkennen, liegt bei der Parallelprojektion das **Projektionszentrum im Unendlichen,** d.h., sämtliche Projektionsstrahlen sind untereinander **parallel.** Sie treffen die Bildebene unter einem bestimmten, für alle Strahlen gleichen Winkel.

Die Parallelprojektion liefert beim **senkrechten** Auftreffen der Projektionsstrahlen absolut **maßgetreue Bilder** von räumlichen Gegenständen.
Im Gegensatz zu der Zentralprojektion ergibt die Parallelprojektion maßgetreue Abbildungen, die **Anschaulichkeit** der abgebildeten Gegenstände dagegen ist **gering.**

Bild 1.2 Parallelprojektive Objektabbildung

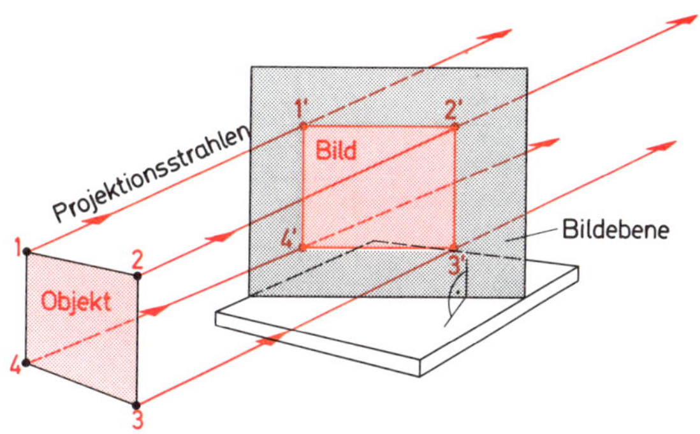

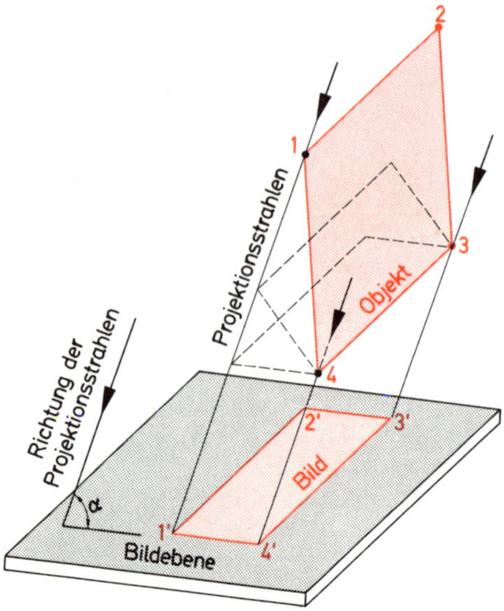

Bild 1.3 Objektabbildung mit schräger Parallelprojektion

1.3.1. Schräge Parallelprojektion

Wenn die Projektionsstrahlen wie in Bild 1.3 **schräg** auf eine Bildebene auftreffen, liegt eine schräge oder allgemeine Parallelprojektion vor.

1.3.2. Senkrechte oder orthogonale Parallelprojektion

Bilden die Projektionsstrahlen mit der Bildebene einen **rechten Winkel,** spricht man von einer senkrechten oder **orthogonalen Parallelprojektion,** Bild 1.4.

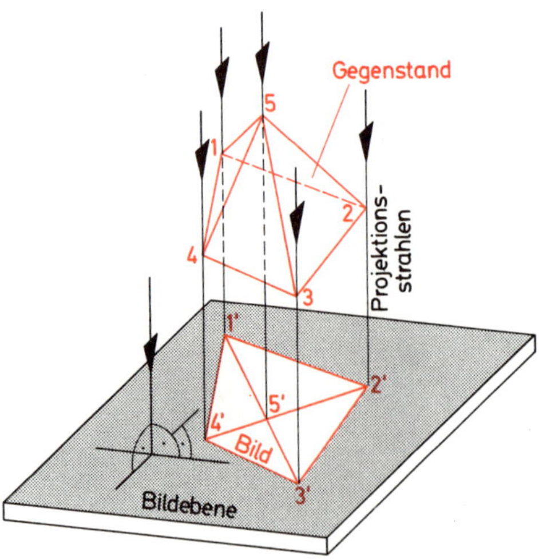

Bild 1.4 Objektabbildung mit senkrechter Parallelprojektion

Als spezielle Projektionsart ergibt sie die maßgetreuesten Bilder von räumlichen Gegenständen, allerdings werden zur eindeutigen Bestimmung eines Gegenstandes in der Regel mindestens **zwei Bildebenen,** die **zueinander senkrecht** stehen, benötigt.

1.3.3. Kotierte Parallelprojektion — senkrechte Eintafelprojektion

Die senkrechte Projektion von Raumpunkten auf nur **eine,** in der Regel waagrecht angeordnete Bildebene wird mit **kotierter Projektion** bezeichnet. Die so entstehenden Bilder stellen keine räumlichen, sondern **flächenhafte** Abbildungen dar, wie in Bild 1.5 und 1.6 zu erkennen ist.

Bild 1.5 Räumliche Darstellung der kotierten Parallelprojektion

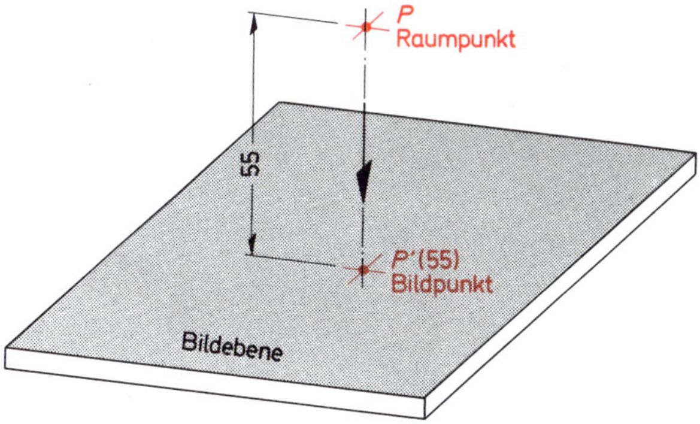

Da bei der kotierten Projektion keine Höhen erkennbar sind, wird der Abstand der jeweiligen Raumpunkte von der Bildebene neben den Bildpunkten (*P'*...) festgehalten.
Die Maßeinheit für die Längen muß aus der Abbildung erkennbar sein.
Anstelle der Klammerwerte kann auch ein **Höhenmaßstab,** mit dessen Hilfe sich die Lage der Raumpunkte bestimmen läßt, neben der Zeichnung stehen.

Bild 1.6 Kotierte Objektabbildung in Eintafelprojektion

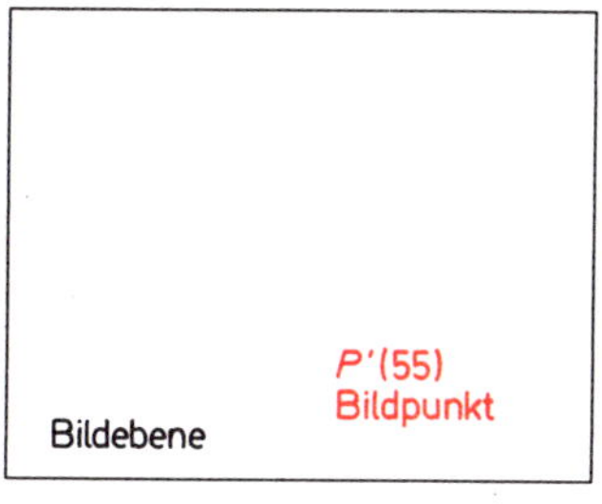

2. Orthogonale Parallelprojektion als Mehrtafelprojektion

2.1. Prinzip der orthogonalen Mehrtafelprojektion

Bei der **orthogonalen Mehrtafelprojektion** wird der abzubildende Raumgegenstand senkrecht auf **mehrere,** in Bild 2.1 sind es drei, gedachte Bildebenen abgebildet. Diese Bildebenen stehen senkrecht auf bzw. zueinander. Nach Entstehung der Bilder werden die Bildebenen **auseinandergeklappt,** so daß **eine Zeichenebene** entsteht.
Aus dem räumlichen Sehvorgang wird eine flächenhafte Abbildung in einer Zeichenebene, in der Regel dient das Zeichenbrett als Zeichenebene.

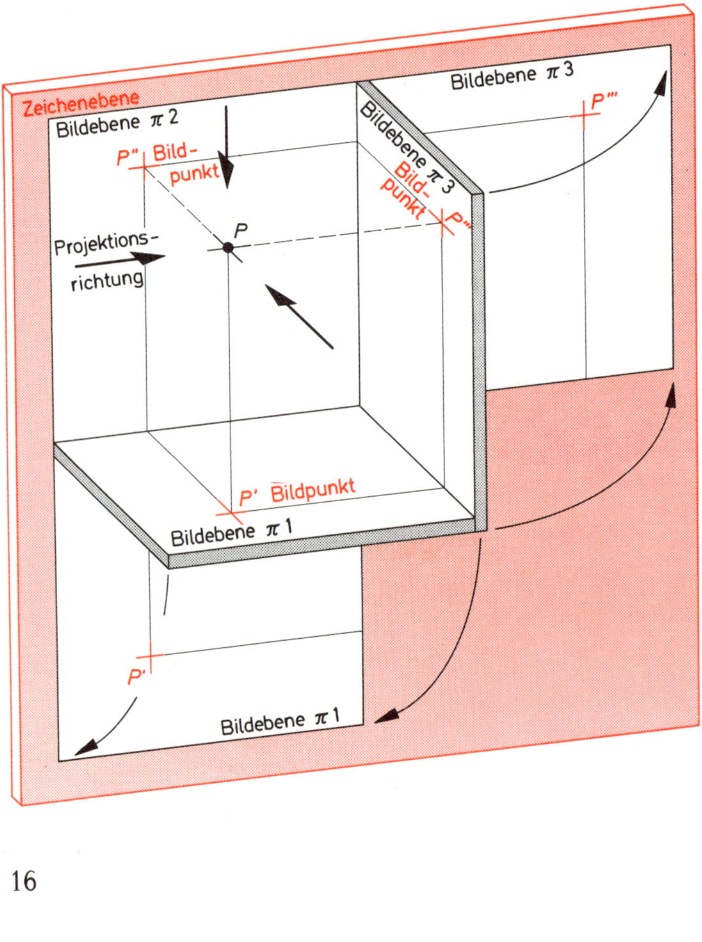

Bild 2.1 Dimetrische Darstellung des Prinzips der orthogonalen Mehrtafelprojektion

Der Raumgegenstand wird **senkrecht** von **vorn, oben** und von der **Seite** betrachtet und gleichzeitig auf die Bildebene projiziert. Normalerweise genügen die Bilder von vorn und oben.

Bild 2.2 Dimetrische Darstellung der Punktprojektion

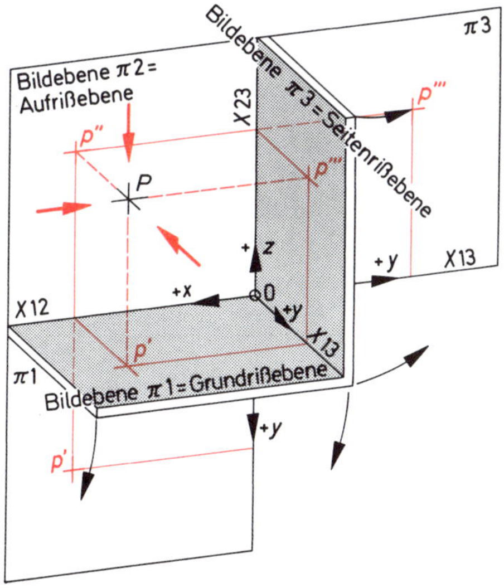

2.2. Orthogonale Abbildung des Punktes

Ein gedachtes **räumliches Koordinatensystem** mit einem beliebigen Ursprungspunkt 0 ergibt die Bildebenen:

π_1 = *xy*-Ebene = 1. Bildebene = 1. Projektionsebene
= **Grundrißebene**

π_2 = *xz*-Ebene = 2. Bildebene = 2. Projektionsebene = **Aufrißebene**

π_3 = *yz*-Ebene = 3. Bildebene = 3. Projektionsebene
= **Seitenrißebene**

Die Koordinatenachsen *x*, *y* und *z* mit ihrem Ursprung in 0 sind **Schnittgeraden der Bildebenen,** Bild 2.2.

Man bezeichnet sie:

x-Achse $= x_{12} =$ Schnittlinie der Bildebene π_1 und π_2
y-Achse $= x_{13} =$ Schnittlinie der Bildebene π_1 und π_3
z-Achse $= x_{23} =$ Schnittlinie der Bildebene π_2 und π_3

Die Lote von einem Raumpunkt P auf die Bildebene erzeugen:

P' = **Grundriß** von P
P'' = **Aufriß** von P
P''' = **Seitenriß** von P

Der Strich (P'..) kennzeichnet die Zugehörigkeit des Bildpunktes zu den entsprechenden Bildebenen.
In Bild 2.3 ist die Abbildung des Raumpunktes P mit Hilfe der Normalprojektion dargestellt. Aus diesem Bild ist ersichtlich, wie die Abbildung in Bildebene π_3 den Abbildungen in π_1 und π_2 zugeordnet ist. Das heißt, sind zwei Bilder eines Punktes gegeben, läßt sich die dritte Abbildung konstruktiv bestimmen.

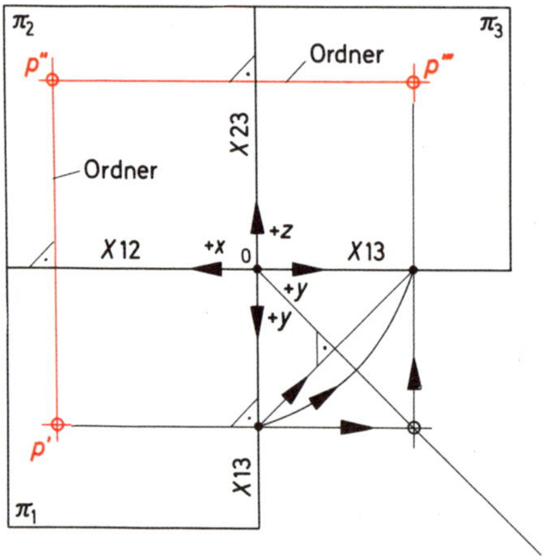

Bild 2.3 Prinzipdarstellung der orthogonalen Abbildung eines Raumpunktes in Dreitafelprojektion

1. Die **Verbindungslinie zweier Bildpunkte** steht senkrecht auf den Koordinatenachsen, man bezeichnet sie mit **Ordnerlinie.**
2. Jeder Punkt ist durch **zwei** Projektionen vollständig bestimmt.
   In der Praxis werden seltener einzelne Punkte, dafür aber eher Körper abgebildet. Die Eckpunkte eines Körpers können, jeder für sich, als einzelne Raumpunkte betrachtet werden, die sich zum Schluß zum vollständigen Bild eines Körpers verbinden lassen, wie auf Bild 2.4 zu erkennen ist.

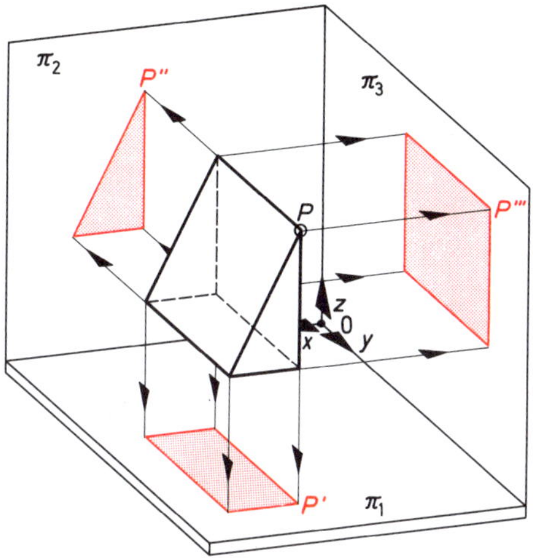

Bild 2.4 Dimetrische Darstellung der senkrechten Körperabbildung in Mehrtafelprojektion

Die bei der senkrechten Projektion, der **Normalprojektion** entstehenden Bilder geben dem Betrachter Aufschluß über das Aussehen und die Form des betrachteten Gegenstands, Bild 2.5. Man muß aber mindestens zwei Bilder betrachten, bevor man sich die Form eindeutig vorstellen kann.

Man kann auch den umgekehrten Weg gehen und die Bildebenen π_1 und π_3 mit ihren Bildern um 90° in ihre ursprüngliche Lage zurückklappen. Dann entsteht der Raumkörper in seiner ganzen Form vor unserem Auge. Durch die Bildebenen wird der Raum in vier Raumviertel eingeteilt, wie Bild 2.6 zeigt. Diese Raumviertel bezeichnet man mit **Quadranten.**

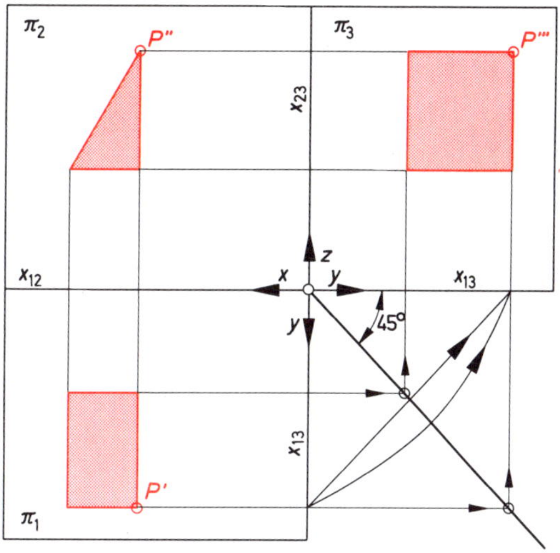

Bild 2.5 Abbildung eines Prismas in Normalprojektion

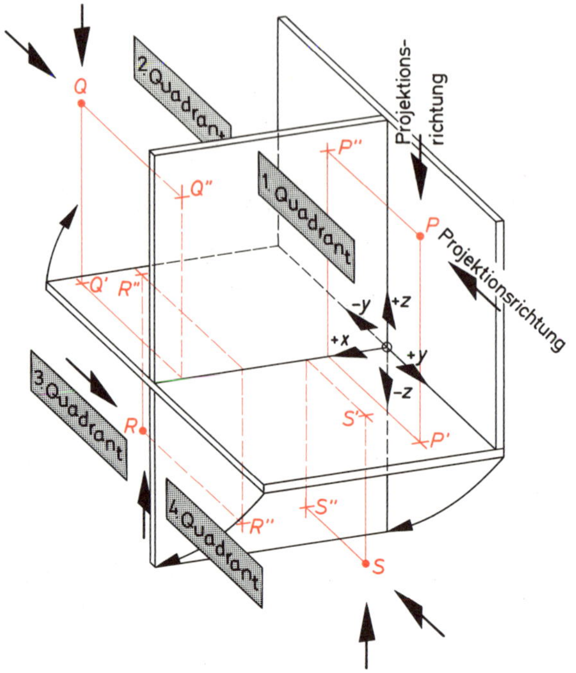

Bild 2.6 Dimetrische Darstellung der Punktabbildung bei verschiedener Raumlage der Punkte

> Liegen die Raumpunkte in den Quadranten 2, 3 und 4, ändert sich die Projektionsrichtung.
> Sie steht aber immer senkrecht auf der **jeweiligen** Bildebene.

Je nachdem, ob die Raumpunkte im 1., 2., 3. und 4. Quadranten liegen, ändert sich die Anordnung der Lage der Bildpunkte in der Normalprojektion. Bei der Raumlage im 2. Quadranten erscheinen beide Bilder über der Bildachse x_{12}, wie aus Bild 2.7 bei den Bildpunkten Q' und Q'' zu erkennen ist. Aus dieser Abbildung ist auch ersichtlich, daß der im 3. Quadranten liegende Raumpunkt R sich als Grundrißbild R' über der Bildachse und als Aufrißbild R'' unter der Bildachse abbildet. Die Raumlage im 4. Quadranten läßt beide Bilder unter der Bildachse erscheinen, S', S''.

Beachte: Jeder Punkt ist durch **drei Raumkoordinatenabschnitte** bestimmt:

$P(x, y, z)$ = Lage im 1. Quadranten

$Q(x, -y, z)$ = Lage im 2. Quadranten

$R(x, -y, -z)$ = Lage im 3. Quadranten

$S(x, y, -z)$ = Lage im 4. Quadranten

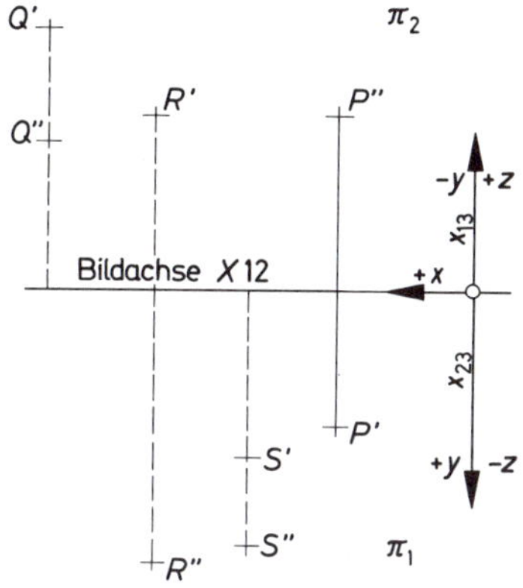

Bild 2.7

Der Einfachheit halber wird bei den Koordinaten das Pluszeichen weggelassen. Die Bezeichnung der Raumpunkte mit *P, Q, R* und *S* ist willkürlich.

2.3. Aufgaben

1. Gegeben ist ein Raumpunkt *P* mit den Koordinatenabschnitten $x = 6, y = 4, z = 3$ (Längeneinheit Zentimeter); $P(6, 4, 3)$

Gesucht: Grundrißbild P'
Aufrißbild P''
Seitenrißbild P'''
(Lösung Bild 2.8)

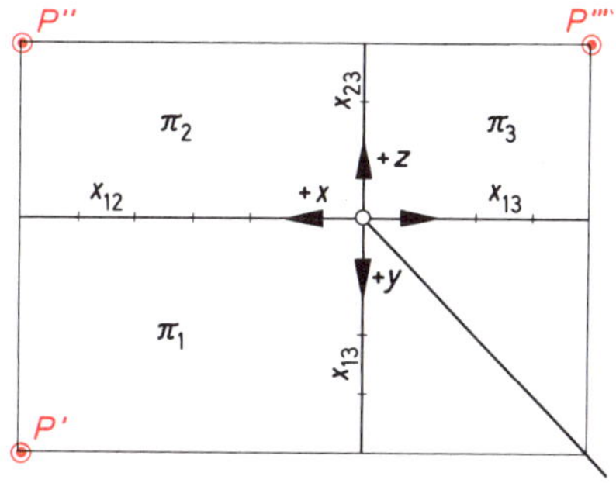

Bild 2.8

2. Gegeben sind die vier Raumpunkte $P(2, 3, 4)$; $Q(4, -6, 2)$; $R(6, -5, -5)$; $S(8, 2, -6)$.

Gesucht: Von allen vier Raumpunkten sind die entstehenden Bilder in der Grundrißebene, Aufrißebene und Seitenrißebene zu bestimmen.

(Lösung Bild 2.9)

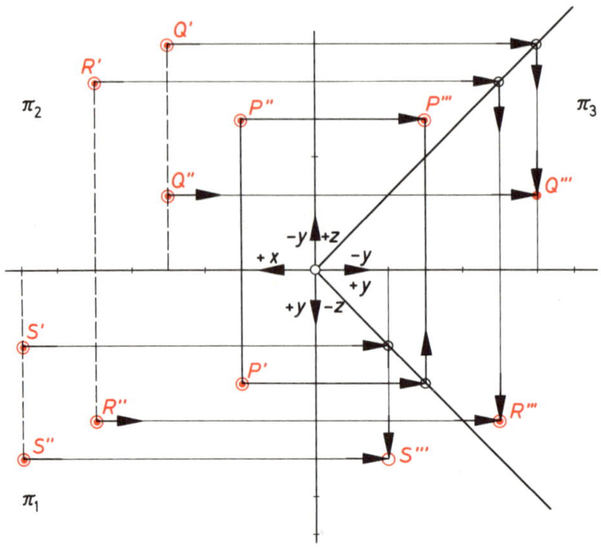

Bild 2.9

2.4. Abbildung der Geraden

Die Projektionen von Raumgeraden sind wieder Geraden, außer die Gerade steht senkrecht auf der Projektionsebene. Die projizierten Strahlen sämtlicher Punkte einer Geraden bilden eine **erste** und **zweite projizierende Ebene,** deren Schnitte mit den Bildebenen die Grundrißprojektion g' und die Aufrißprojektion g'' ergibt. Bild 2.10 zeigt die perspektivische Darstellung dieser Zusammenhänge. Gleiches gilt auch für die dritte Projektion im Seitenriß.

Eine Gerade ist bestimmt durch zwei Punkte (A, B). Die Verlängerung über diese Punkte hinaus ergibt in den Bildebenen sog. **Spurpunkte,** die im Grundriß mit S_1', im Aufriß mit S_2'' und im Seitenriß mit S_3''' bezeichnet werden.

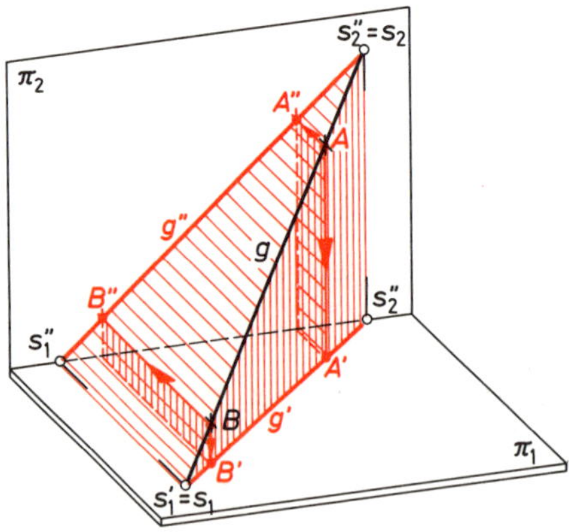

Bild 2.10 Dimetrische Darstellung der allgemeinen Raumlage einer Geraden mit den Spurpunkten S_1 und S_2

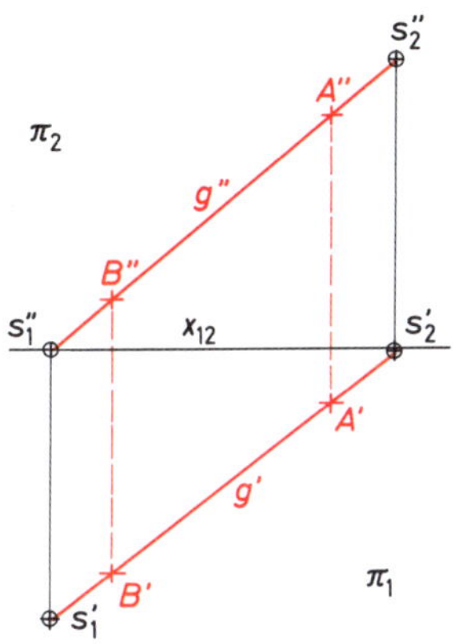

Bild 2.11 Darstellung einer Geraden mit allgemeiner Raumlage in Normalprojektion

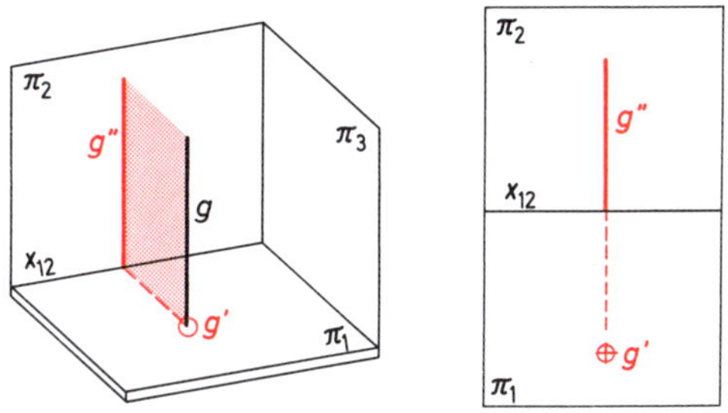

Bild 2.12 Dimetrische und orthogonale Darstellung einer Geraden $g \perp \pi_1$

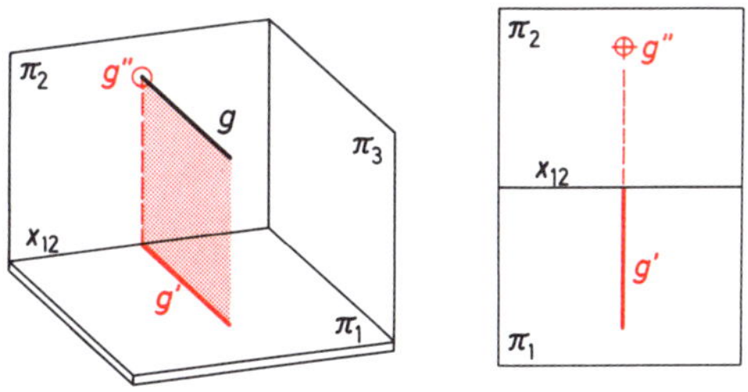

Bild 2.13 Dimetrische und orthogonale Darstellung einer Geraden $g \perp \pi_2$

Das Bild g' der Geraden g im Grundriß erhält man als Verbindungslinie der beiden Spurpunkteprojektionen S_1' und S_2' im Grundriß.
Das Bild g'' der Geraden g im Aufriß erhält man als Verbindungslinie der beiden Spurpunkteprojektionen S_1'' und S_2'' im Aufriß, s. Bild 2.11.

Da die Spurpunkte in den Bildebenen liegen, werden sie einmal in sich selbst projiziert, d.h. S_1 wird zu S_1' und S_2 zu S_2'', ihre anderen Bilder S_1'' und S_2' fallen in die Schnittlinie x_{12} der Bildebenen.

2.4.1. Spezielle Raumlagen von Geraden

Steht eine Gerade wie in Bild 2.12 senkrecht auf π_1, erhält man als Grundrißprojektion einen Punkt g'. Die Aufrißprojektion g'' steht senkrecht auf x_{12}.
Bei senkrechter Raumlage einer Geraden g zur Bildebene π_2, Bild 2.13, erhält man als Aufrißprojektion einen Punkt g''. Die Grundrißprojektion g' steht senkrecht auf x_{12}.
In Bild 2.14 verläuft eine Raumgerade g parallel zur Bildebene π_1. Man erhält als Aufrißprojektion eine Bildgerade g'', die parallel zur Schnittlinie x_{12} verläuft. In diesem Fall bezeichnet man g als **Höhenlinie** oder Hauptlinie erster Art.

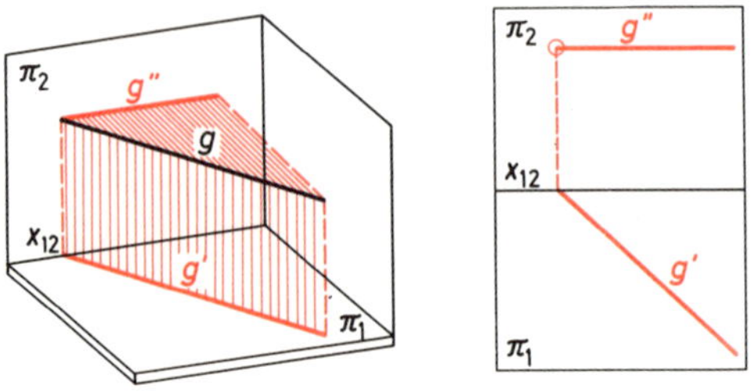

Bild 2.14 *Dimetrische und orthogonale Darstellung einer Geraden $g \parallel \pi_1$*

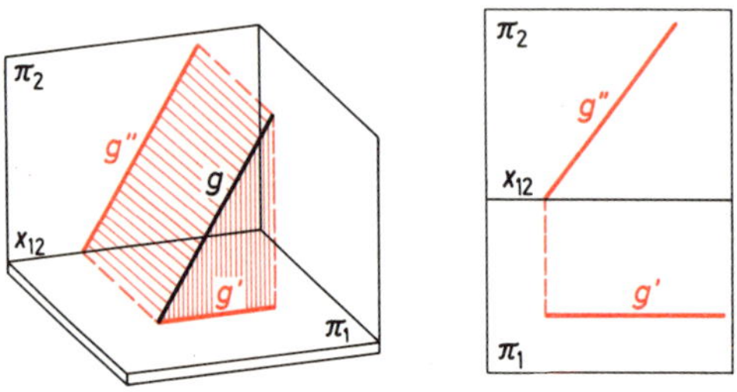

Bild 2.15 *Dimetrische und orthogonale Darstellung einer Geraden $g \parallel \pi_2$*

Verläuft eine Raumgerade parallel zur Bildebene π_2, wie in Bild 2.15 dargestellt, erhält man als Grundrißprojektion eine Bildgerade g', die parallel zur Schnittlinie x_{12} verläuft. In diesem Fall bezeichnet man g als **Frontlinie** oder Hauptlinie zweiter Art.

2.4.2. Darstellung zweier Geraden

Liegen die Bildpunkte P' und P'' des Schnittpunktes P zweier Geraden g_1 und g_2 auf einer **Ordnerlinie,** wie in Bild 2.16 dargestellt, **schneiden** sich die zwei Raumgeraden g_1 und g_2 im gemeinsamen Punkt P.

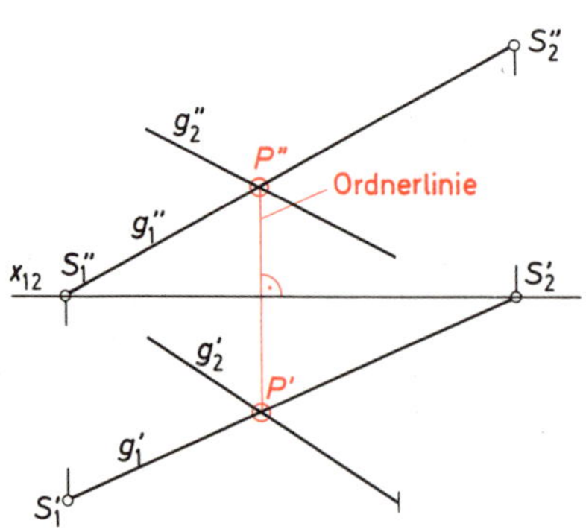

Bild 2.16 *Schnitt zweier Geraden g_1 und g_2*

Es ist darauf zu achten, ob es sich um einen wirklichen Schnitt im Raum oder nur um einen Schnitt in der Projektion handelt.

Bild 2.17 zeigt, daß zwei parallele Raumgeraden g_1 und g_2 parallele Grundrisse und parallele Aufrisse haben; $g_1' \| g_2'$ und $g_1'' \| g_2''$. Liegen zwei Raumgeraden windschief zueinander, d.h. g_1 und g_2 kreuzen sich, liegen die Schnittpunkte von g_1 und g_2 in den Bildebenen **nicht** auf einer gemeinsamen Ordnerlinie, wie aus Bild 2.18 zu ersehen ist.

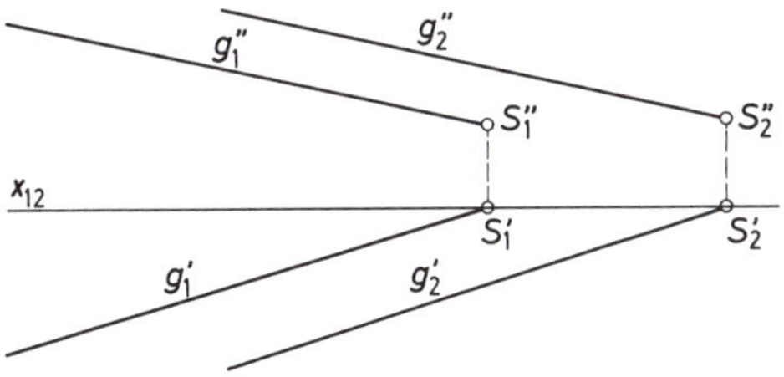

Bild 2.17 Parallele Geraden g_1 und g_2, $g_1 \| g_2$

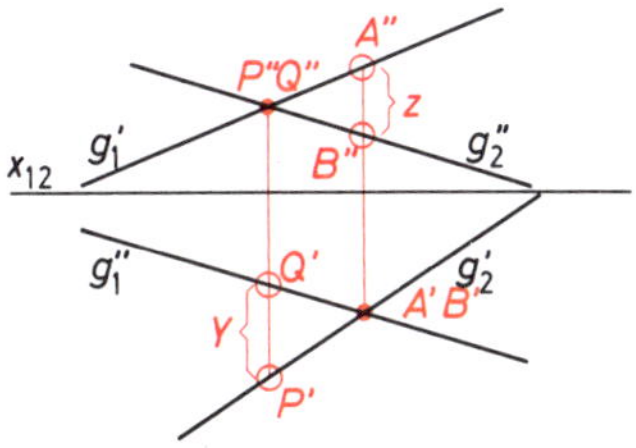

Bild 2.18 Zwei sich kreuzende Geraden g_1 und g_2

Eine Ordnerlinie durch den Schnittpunkt $A'B'$ ergibt im Aufriß A'' auf g_1 und B'' auf g_2''.
Der **Abstand *z*** dieser beiden Bildpunkte zeigt, um welchen Betrag die eine Gerade **über** der anderen verläuft. Desgleichen erhält man mit Hilfe der Ordnerlinie, die durch den Schnittpunkt $P''Q''$ gezogen wird, im Grundriß die Bildpunkte $P'Q'$, deren **Abstand *y*** angibt, um welchen Betrag die eine Gerade **vor** der andern verläuft.

2.4.3. Aufgaben

1. Gegeben sind zwei Raumgeraden g_1 und g_2. Die Gerade g_1 verläuft durch die Punkte $A(12, 3; 0; 3)$ und $B(4; 3; 2)$, g_2 durchstößt die Bildebenen in den Spurpunkten $S_1(11; 3; 0)$ und $S_2(2; 0; 4)$.

Gesucht: a) Geradenverlauf in Grund- und Aufriß.

b) Es ist zu untersuchen, ob sich g_1 und g_2 schneiden.

Lösung: Aus Bild 2.19 ist zu ersehen, daß sich die beiden Geraden g_1 und g_2 schneiden, da die Bildpunkte P' und P'' senkrecht übereinander auf einer **gemeinsamen** Ordnerlinie liegen.

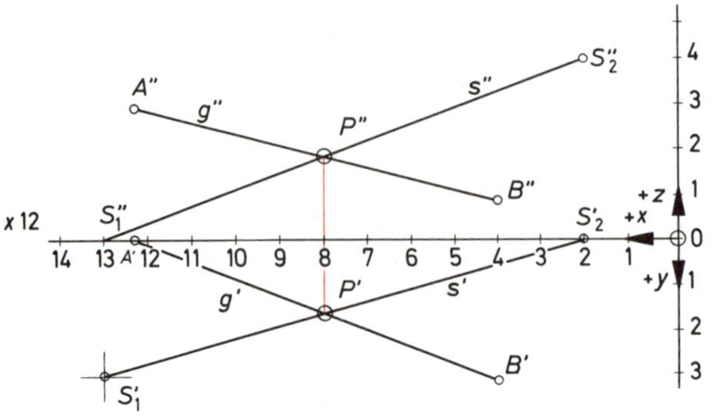

Bild 2.19

2. Gegeben sind die beiden Spurpunkte $S_1(145; 25; 0)$ und $S_2(30; 0; 45)$ der Geraden g_1, sowie $S_3(55; 20; 0)$ und $S_4(140; 0; 30)$ der Geraden g_2.

Gesucht: a) Geradenverlauf im Grund- und Aufriß

b) Um wieviel Millimeter liegt g_1 über g_2 bzw. g_1 vor g_2.

Lösung: Aus Bild 2.20 ist zu ersehen, daß g_1 um $z = 12$ mm über g_2 und um $y = 7$ mm vor g_2 liegt.

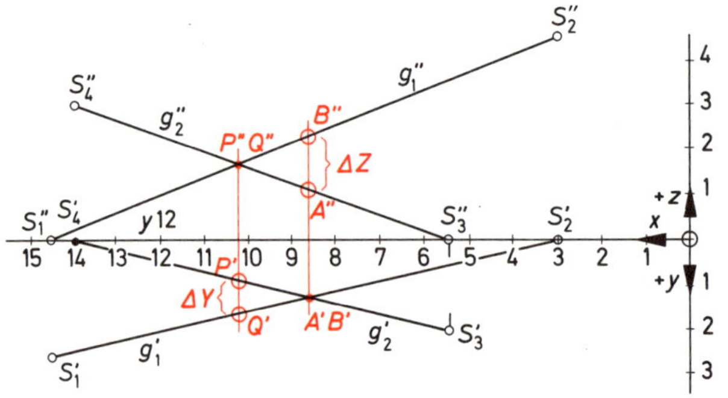

Bild 2.20
(M 1 : 2)

2.5. Bestimmung der wahren Länge und des Neigungswinkels einer Strecke

Die wahre Länge einer Strecke erhält man, indem man sie aus der Raumlage **herausdreht** bis zur **Parallellage** mit einer Bildebene.

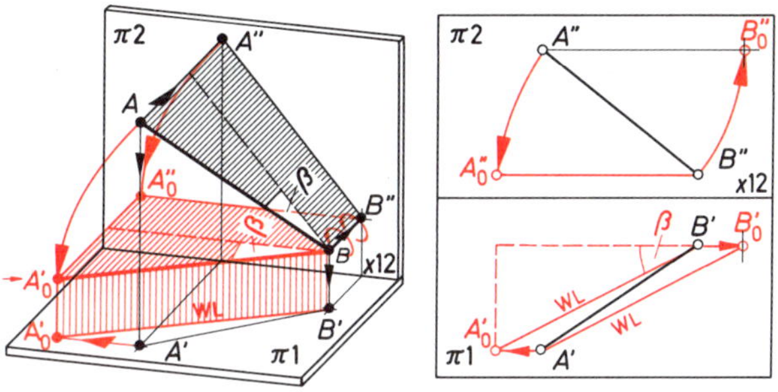

Bild 2.21 Dimetrische und orthogonale Darstellung des Paralleldrehens einer Strecke zu π_1 zur Bestimmung der wahren Streckenlänge

2.5.1. Paralleldrehen zur Grundrißebene π_1, Bild 2.21

Konstruktion:
Kreisbogen um $B''(A'')$ mit Radius $r = \overline{A''B''}$ bis zur Parallellage mit π_1 bzw. x_{12}.
Der Bildpunkt $B''(A'')$ verändert seine Raumlage nicht. Es wird aber $A'(B')$ zu $\boldsymbol{A'_0}(\boldsymbol{B'_0})$ und $A''(B'')$ wird zu $\boldsymbol{A''_0}\,(\boldsymbol{B''_0})$.
Die Verbindungslinie $\overline{B'A'_0}\,(\overline{B'_0\,A'}\,)$ = **wahre Länge der Strecke $\overline{AB}$.**

Gleichzeitig mit der wahren Größe einer Strecke erhält man beim **Paralleldrehen zur Grundrißebene** die wahre Größe des **Neigungswinkels** β (klein Beta), das ist der Winkel, unter dem die Strecke $\overline{AB}$ zur Bildebene π_2 geneigt ist.

2.5.2. Paralleldrehen zur Aufrißebene π_2, Bild 2.22

Konstruktion:
Kreisbogen um $A'(B')$ mit Radius $r = \overline{A'B'}$ bis zur Parallellage von $\overline{A'B'}$ zu π_2 bzw. x_{12}.
Bildpunkt $A'(B')$ verändert seine Raumlage nicht; es wird aber $B'(A')$ zu $\boldsymbol{B'_0}\,(\boldsymbol{A'_0})$ und $B''(A'')$ zu $\boldsymbol{B''_0}\,(\boldsymbol{A''_0})$.
Die Verbindungslinie $\overline{A''\,B''_0}\,(\overline{A''_0\,B''})$ = **wahre Länge der Strecke $\overline{AB}$.** Mit **Neigungswinkel** α (klein Alfa) bezeichnet man den Winkel, unter dem die Strecke $\overline{AB}$ zur Bildebene π_1 geneigt ist.

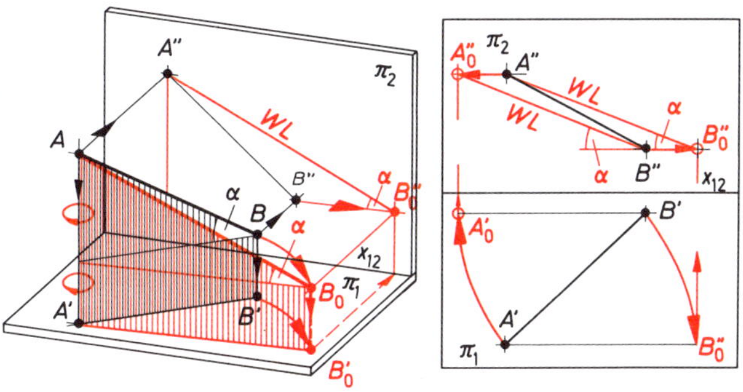

Bild 2.22 Dimetrische und orthogonale Darstellung des Paralleldrehens einer Strecke zu π_2 zur Bestimmung der wahren Streckenlänge

Eine Strecke bildet sich nur dann in **wahrer Länge** in der Bildebene ab, wenn sie **parallel** zu **ihr** verläuft.

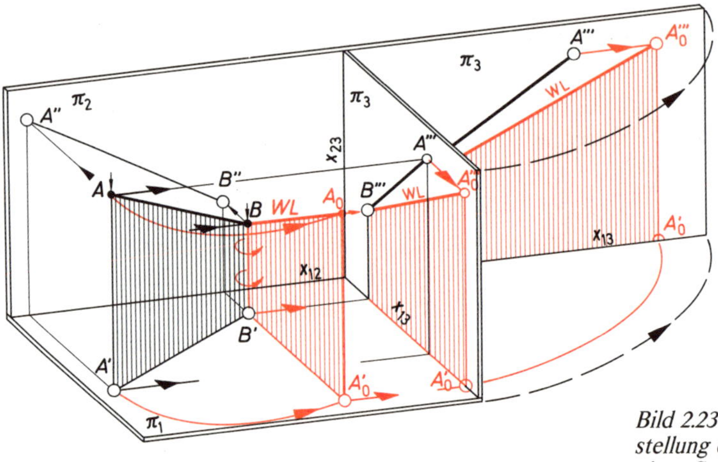

Bild 2.23 Dimetrische Darstellung des Paralleldrehens einer Strecke $\overline{AB}$ zur Bildebene π_3

2.5.3. Paralleldrehen zur Seitenrißebene π_3

Beim Paralleldrehen einer Strecke $\overline{AB}$ zur Bildebene π_3, wie das Bild 2.23 in räumlicher Darstellung zeigt, muß beachtet werden, daß die Bildebene π_3, die normalerweise senkrecht auf der Bildebene π_2 steht, nach Entstehung des Bildes in π_3 noch in die **verlängerte Aufrißebene** gedreht wird.

Konstruktion zu Bild 2.24
Kreisbogen um B' (A') mit $r = \overline{A'\,B'}$ bis zur Parallellage von $\overline{A'B'}$ zu π_3 bzw. x_{13}, B' verändert seine Raumlage nicht. Es wird aber A' zu $\boldsymbol{A'_0}$ und A''' zu $\boldsymbol{A'''_0}$. Die Verbindungslinie $\overline{B'''A'''_0}$ = **wahre Länge** der Strecke $\overline{\boldsymbol{AB}}$.

Die Projektionsebene ***AA'BB'*** wird um die Drehachse $\overline{BB'}$ bis zur Parallellage mit π_3 gedreht.

Bild 2.24 Paralleldrehen einer Strecke $\overline{AB}$ zu π_3

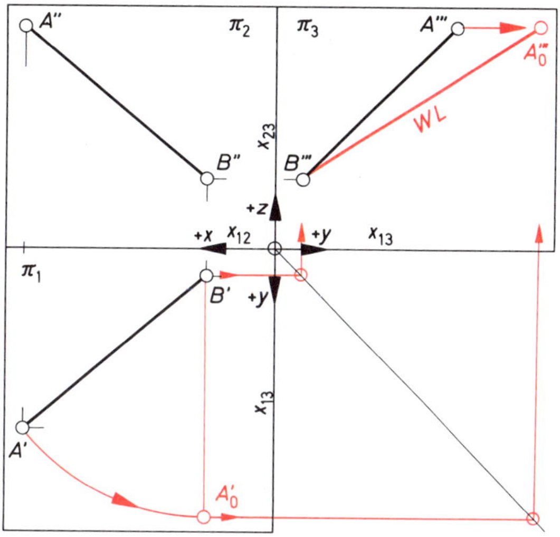

2.5.4. Umklappkonstruktion

Neben dem Paralleldrehen wird in der Praxis vielfach die **Umklappkonstruktion** angewendet. Aus Bild 2.25 ist ersichtlich, daß hierbei das über dem Grundriß $\overline{A'B'}$ der gesuchten Strecke $\overline{AB}$ entstehende Projektionstrapez in den Grundriß geklappt wird, mit $\overline{A'B'}$ als Drehachse.
Diese Konstruktion ist wegen ihrer **Einfachheit** in der Praxis sehr verbreitet.

Beachte: Beim **Umklappverfahren** werden die Höhenabschnitte $\boldsymbol{A'A} = \boldsymbol{z}_A$ und $\boldsymbol{B'B} = \boldsymbol{z}_B$ als Senkrechte zu $\overline{A'B'}$ in den Bildpunkten A' und B' bis $\boldsymbol{A}_0$ bzw. $\boldsymbol{B}_0$ abgetragen. $\overline{A_0B_0}$ ist die **wahre Länge** der Strecke $\overline{AB}$. Der Neigungswinkel α ergibt sich infolge einer Parallelen zu $\overline{A'B'}$ durch B_0.

Bild 2.25 Dimetrische Darstellung der Umklappkonstruktion zur Bestimmung der wahren Länge einer Strecke $\overline{AB}$

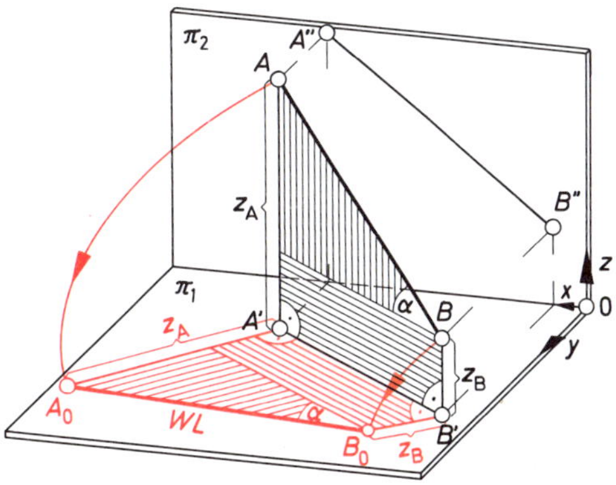

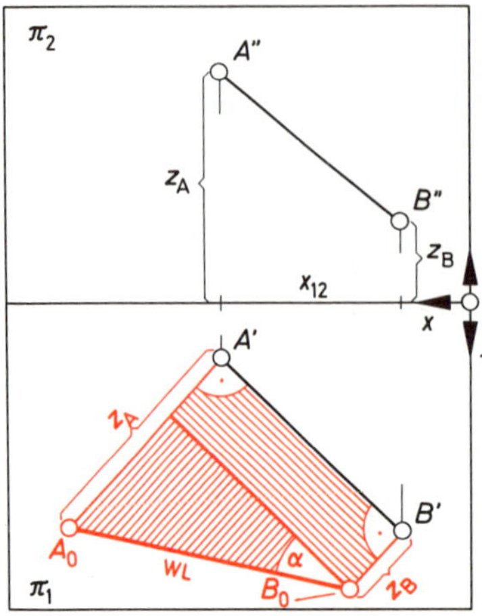

Bild 2.26 Umklappkonstruktion zur Bestimmung der wahren Länge einer Strecke $\overline{AB}$

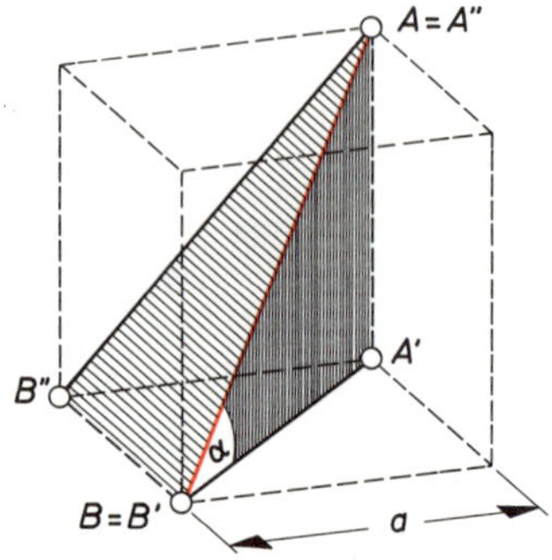

Bild 2.27

Konstruktion zu Bild 2.26:
Errichte in A' auf $\overline{A'B'}$ das Lot und trage darauf den Abstand z_A des Punktes A von der Bildebene π_1 ab, bis A_0, desgleichen in B' das Lot mit dem Höhenabstand z_B bis B_0. Die Verbindungslinie $\overline{A_0B_0}$ ist die wahre Länge der Strecke $\overline{AB}$. Die Parallele zur Bildstrecke $\overline{A'B'}$ ergibt den Neigungswinkel α der Strecke $\overline{AB}$ zur Grundrißebene π_1.

2.5.5. Aufgaben

1. Zu bestimmen ist zeichnerisch die Länge der Raumdiagonalen eines Würfels mit der Kantenlage a = 45 mm, Bild 2.27.

Lösung: In Bild 2.28 wird in Normalprojektion die Lösung der Aufgaben dargestellt. Raumdiagonale = 78 mm lang.

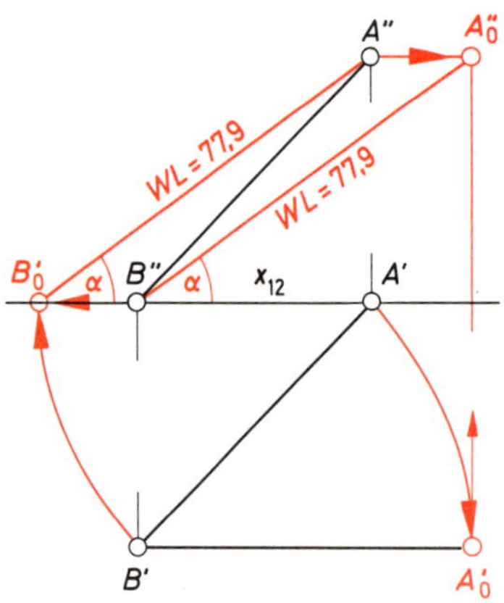

Bild 2.28 (M 1 : 2)

2. Mittels Umklappkonstruktion ist

   a) die wahre Länge der Strecke $\overline{AB}$ zu bestimmen; $A(10; 5; 1)$, $B(3; 1; 4)$.
   b) Unter welchen Winkeln α und β ist die Strecke $\overline{AB}$ zu den Bildebenen π_1 und π_2 geneigt.

Lösung: Bild 2.29. Die wahre Länge der Strecke $\overline{AB}$ beträgt 86 mm und der Neigungswinkel $\alpha = 20{,}4°$, Neigungswinkel $\beta = 27{,}5°$.

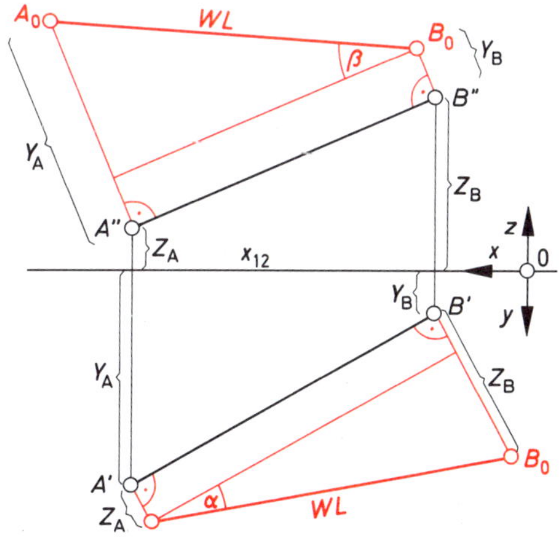

Bild 2.29
(M 1 : 2)

3. Orthogonale Parallelprojektion von ebenflächigen begrenzten und unbegrenzten Ebenen

3.1. Begriffe

Bei der Darstellung von **Ebenen** wird mit den **Schnittgeraden der Ebene** *e* mit den Bildebenen π_1, π_2 und π_3 gearbeitet. Man nennt sie die **Spurgeraden der Ebene** *e*, wie in Bild 3.1 und Bild 3.2 zu sehen ist.
Sie werden mit

e_1 = **Grundrißspur** = **Horizontalspur,**

e_2 = **Aufrißspur** = **Vertikalspur,**

e_3 = **Seitenrißspur**

bezeichnet.
Eine Ebene wird bestimmt durch:

1. **Drei** nicht in einer Geraden liegenden **Punkte**, z.B. ein △ *ABC*
2. **Eine Gerade** *g* und **einen** nicht auf der Geraden liegenden **Punkt** *P*
3. **Zwei** sich **schneidende Geraden** g_1 und g_2
4. **Zwei** zueinander **parallele Geraden** g_1 und g_2

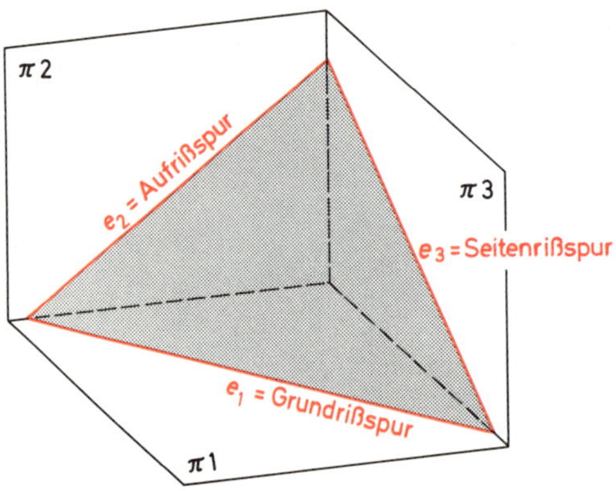

Bild 3.1 Dimetrische Darstellung des Ebenenschnittes mit den Bildebenen π_1, π_2 u. π_3

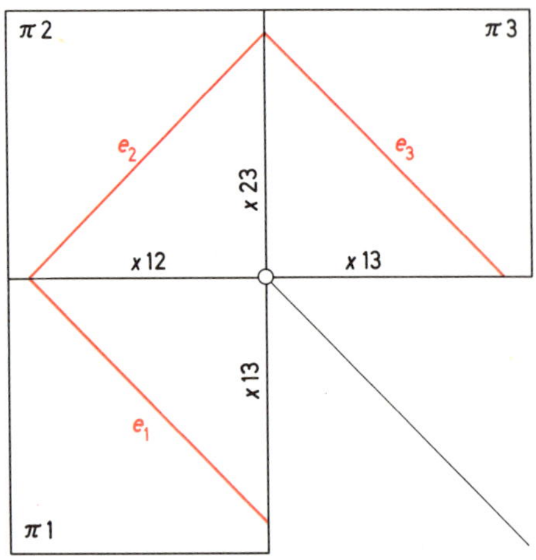

Bild 3.2 Grund-, Aufriß- und Seitenrißspurdarstellung einer Ebene e in Normalprojektion

Eine Ebene e wird in der Regel durch ihre **beiden Spurgeraden** e_1 und e_2 dargestellt und nicht durch die Orthogonalprojektion der ebenen Fläche in der Bildebene.

3.2. Besondere Lage von Ebenen im Raum

1. Eine Ebene e verläuft parallel zur Bildebene π_2 und steht senkrecht auf π_1, Bild 3.3.
2. Eine Ebene e verläuft nicht parallel zur Bildebene π_2, steht aber senkrecht auf π_1, Bild 3.4.
3. Eine Ebene e verläuft parallel zur Bildebene π_1 und steht senkrecht auf π_2, Bild 3.5.

Bild 3.3 Dimetrische und orthogonale Darstellung des Ebenenverlaufes bei $e \parallel \pi_2 \perp \pi_1$

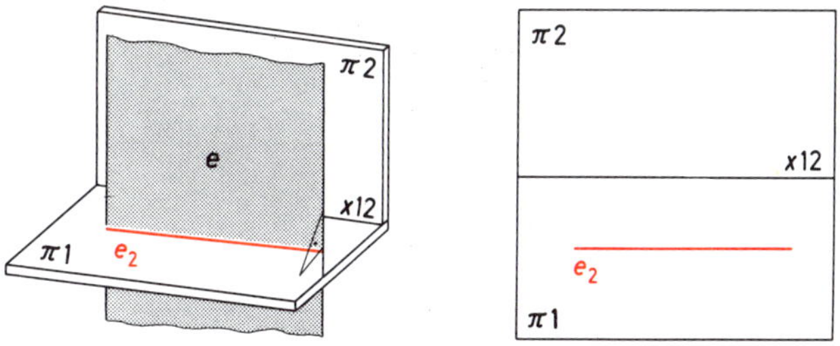

Bild 3.4 Dimetrische und orthogonale Darstellung des Ebenenverlaufes von $e \perp \pi_1$

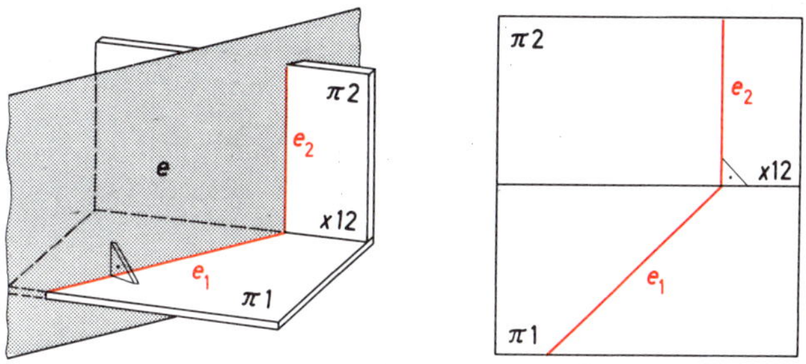

Bild 3.5 Dimetrische und orthogonale Darstellung des Ebenenverlaufes von $e \parallel \pi_1 \perp \pi_2$

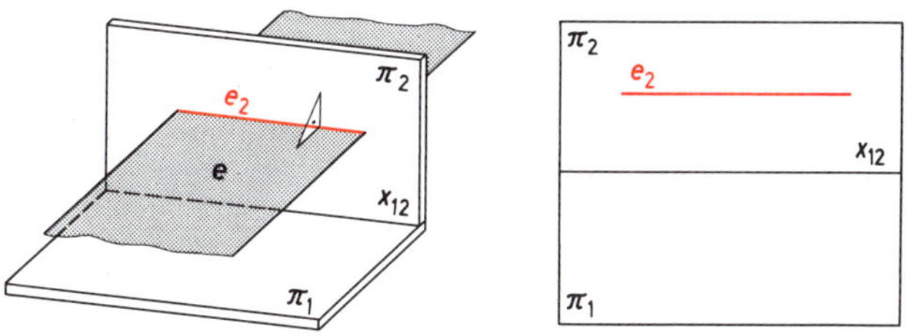

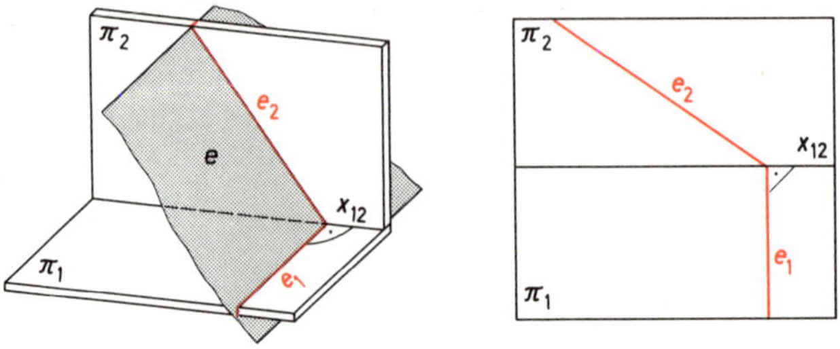

Bild 3.6 Dimetrische und orthogonale Darstellung des Ebenenverlaufes von $e \perp \pi_2$

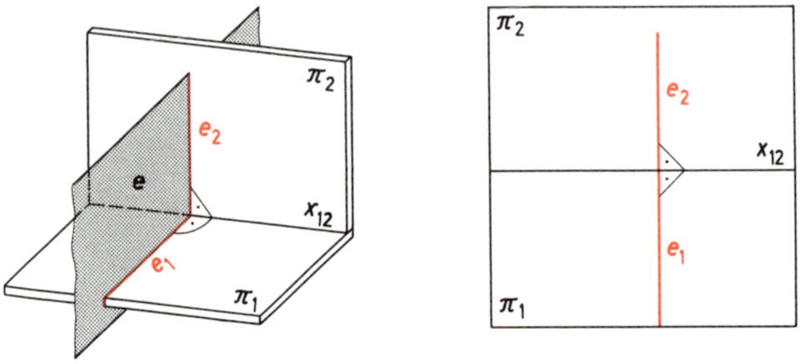

Bild 3.7 Dimetrische und orthogonale Darstellung des Ebenenverlaufes von $e \perp \pi_1 \perp \pi_2$

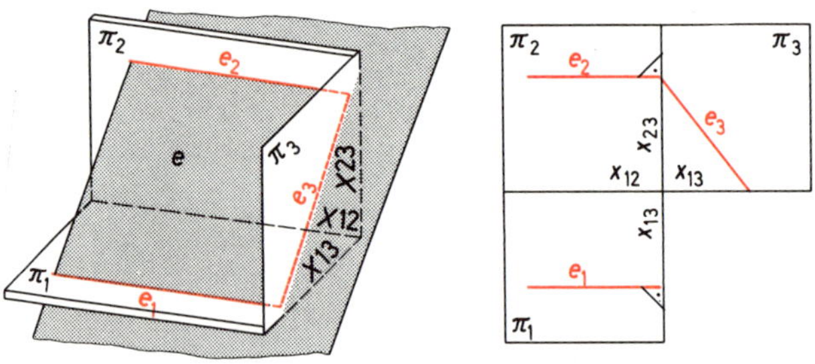

Bild 3.8 Dimetrische und orthogonale Darstellung des Ebenenverlaufes von $e \perp \pi_3$

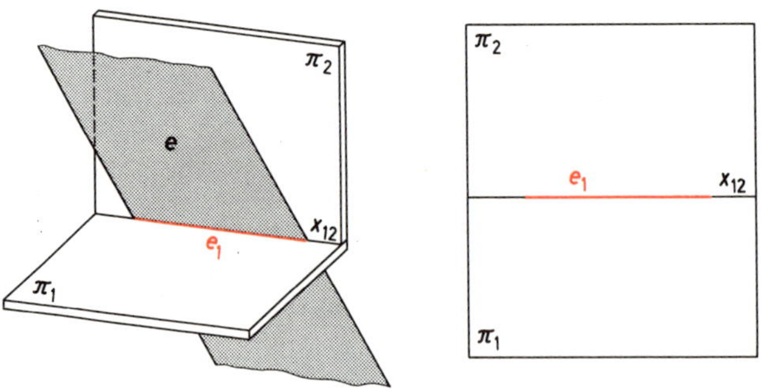

Bild 3.9 Dimetrische und orthogonale Darstellung des Ebenenverlaufes bei Zusammenfallen der Ebenenspur mit Schnittlinie x_{12}

4. Die Ebene e verläuft nicht parallel zur Bildebene π_1, steht aber senkrecht auf π_2, Bild 3.6.
5. Die Ebene e steht senkrecht auf Bildebene π_1 und π_2, Bild 3.7.
6. Die Ebene e steht senkrecht auf der Bildebene π_3, Bild 3.8.
7. Die Ebene e geht durch die Schnittlinie x_{12} der Bildebenen π_1 und π_2, Bild 3.9.

Beachte: a) Verläuft eine Ebene parallel zu der Bildebene π_1, ist ihr Bild eine **parallele Gerade** zur **Schnittlinie** x_{12} der Bildebenen.
b) Steht eine Ebene senkrecht auf den Bildebenen π_1 und π_2, entstehen darin Spurgeraden, die senkrecht auf der Schnittlinie x_{12} stehen.

Bild 3.10 Dimetrische Darstellung der Spurgeradenbestimmung

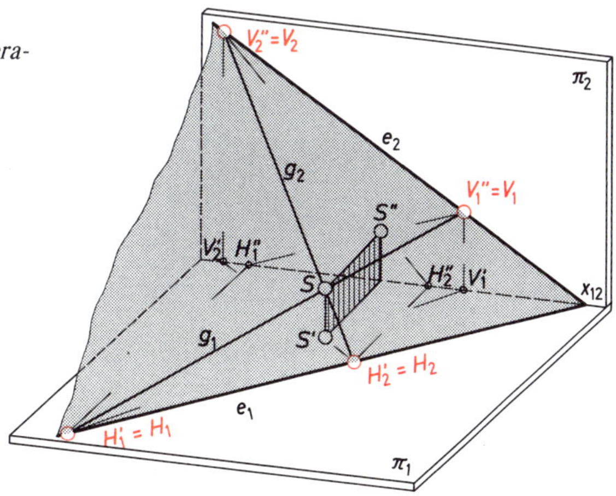

3.3. Gegenseitige Lagebeziehungen von Ebenen, Punkten und Geraden zueinander

3.3.1. Aufsuchen der Spurgeraden einer Ebene

In Bild 3.10 wird gezeigt, daß die **Spurpunkte** zweier sich **schneidender** und **in** der Ebene e liegender Geraden g_1 und g_2 in die **Spurgeraden** $\boldsymbol{e}_1$ bzw. $\boldsymbol{e}_2$ fallen. Dadurch ist der Verlauf der Spurgeraden in beiden Bildebenen bestimmt.

Liegt eine Gerade g **in** einer Ebene, so liegen ihre **Spurpunkte** in den entsprechenden **Spurgeraden** $\boldsymbol{e}_1$ und $\boldsymbol{e}_2$ der Ebene.

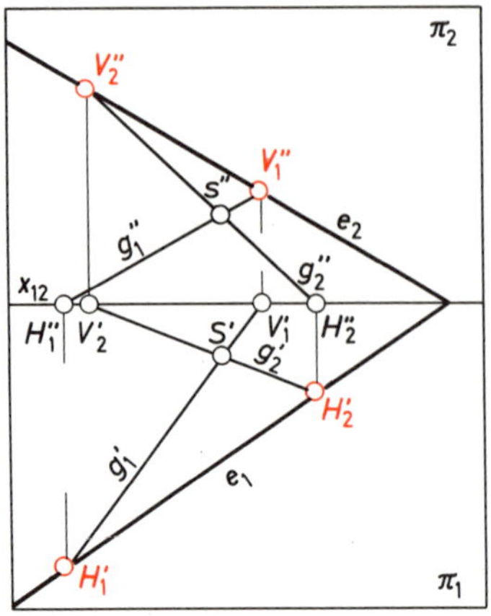

Bild 3.11 Darstellung der Spurgeradenbestimmung in Normalprojektion

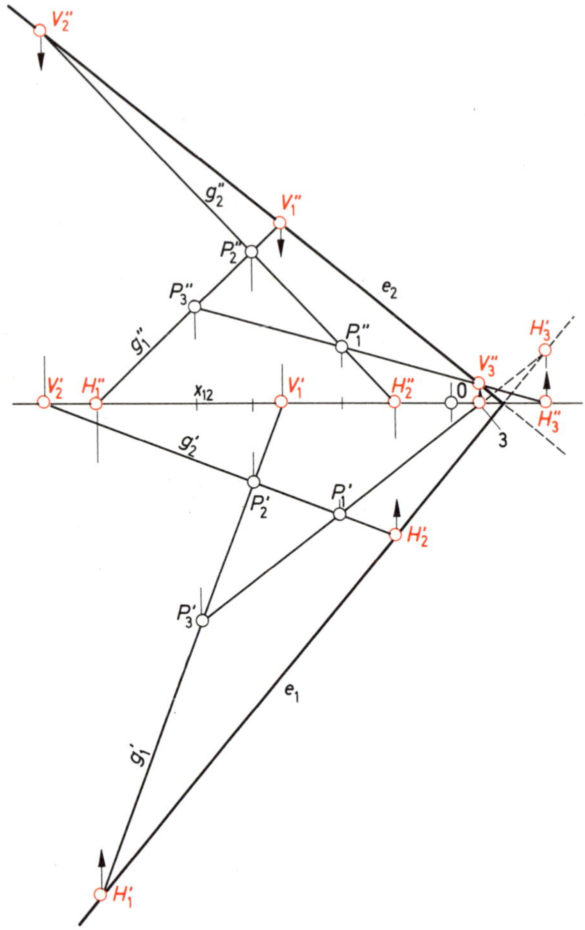

Bild 3.12

Die Spurgeraden e_1 und e_2 einer Ebene erhält man durch die Bestimmung der Spurpunkte zweier sich schneidender, in der Ebene liegender Geraden g_1 und g_2, Bild 3.11.

Die in der **Grundrißebene** π_1 entstehenden Spurpunkte werden als **Horizontalspurpunkte** = $\boldsymbol{H_1}$ und $\boldsymbol{H_2}$, die in der **Aufrißebene** π_2 entstehenden Spurpunkte als **Vertikalspurpunkte** $\boldsymbol{V_1}$ und $\boldsymbol{V_2}$ bezeichnet.

> Die Verbindungslinie $\overline{H_1' \; H_2'}$ = **Grundrißspur** $\boldsymbol{e_1}$
> Die Verbindungslinie $\overline{V_1'' \; V_2''}$ = **Aufrißspur** $\boldsymbol{e_2}$

3.3.2. Aufgabe

Gegeben sind drei Raumpunkte

P_1 (30; 30; 15)

P_2 (55; 20; 40)

P_3 (70; 60; 25)

Gesucht: Die Spurgeraden e_1 und e_2 der Ebene e.

Lösung: Bild 3.12

Text: Da die Lage einer Ebene e durch drei Raumpunkte eindeutig bestimmt ist, liegen auch die Verbindungslinien der Raumpunkte in der Ebene e. Verbinde die Bildpunkte P_2' mit P_3' und P_2'' mit P_3'' und verlängere die Verbindungslinie in der Grundrißlinie bis zum Durchstoßpunkt H_1' und in der Aufrißebene bis V_1''.
Sinngemäß werden die Bildpunkte P_1' mit P_2' und P_1'' mit P_2'' verbunden und bis zu den Durchstoßpunkten H_2' und V_2'' verlängert. Die Verbindungslinien $\overline{H_1' H_2'}$ und $\overline{V_1'' V_2''}$ sind die gesuchten Spurgeraden e_1 und e_2 der Ebene e. Weiterhin kann zur Kontrolle oder bei ungünstiger Lage eines Raumpunktes auch die Verbindungslinie $\overline{P_1 P_3}$ zur Lösung herangezogen werden. Die entstehenden Spurpunkte werden entsprechend mit H_3 und V_3 bezeichnet.

3.4. Hauptlinien in einer Ebene

3.4.1. Höhen- und Frontlinien

Höhen- oder Frontlinien sind der geometrische Ort aller Punkte einer Ebene, die einen **festen Abstand** von **einer Bildebene** haben; bei der Höhenlinie von der Bildebene π_1, bei der Frontlinie von der Bildebene π_2.
Höhenlinien h, Bild 3.13, sind zur Grundrißebene π_1 parallel, also auch zur Grundrißspur e_1. Sie erscheinen im Grundriß als h' und zur Grundrißspur $e_1 \|$. Ihr Aufriß h'' verläuft parallel zu x_{12}.
Die **Frontlinien** f, Bild 3.14, sind zur Aufrißebene π_2 parallel, also auch zur Aufrißspur e_2. Sie erscheinen im Aufriß als f'' und zur Aufrißspur $e_2 \|$. Ihr Grundriß f' verläuft parallel zu x_{12}.

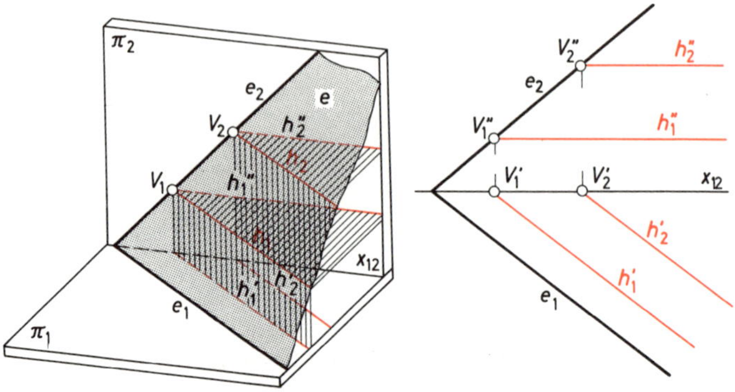

Bild 3.13 Dimetrische und orthogonale Darstellung in der Ebene e liegender Höhenlinien

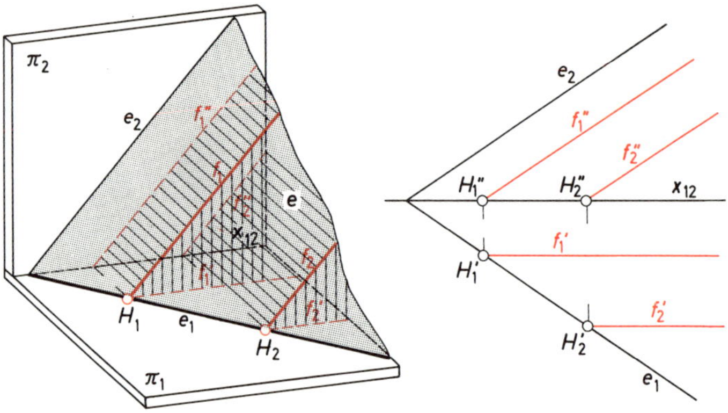

Bild 3.14 Dimetrische und orthogonale Darstellung in der Ebene e liegender Frontlinien

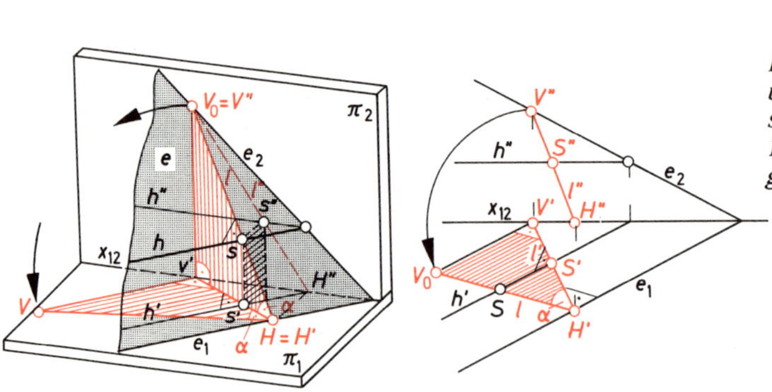

Bild 3.15 Dimetrische und orthogonale Darstellung der Fallinie 1. Art und ihres Neigungswinkels α

3.4.2. Fallinien 1. und 2. Art

Die Senkrechten *l* zu den Höhenlinien *h* in einer Ebene nennt man **Fallinien 1. Art**, Bild 3.15. Sie zeigen die **Richtung** und das **stärkste Gefälle** einer Ebene zur **Grundrißebene** π_1 an. Die Fallinie 1. Art und ihre Grundrißprojektion l' schließt den Winkel α ein, er ist der Neigungswinkel zwischen Ebene und Grundrißebene. Es entsteht das **„Stützdreieck"** $\triangle V_0V'H'$.
Der **rechte Winkel** zwischen Höhen- und Fallinie **bei *S*** bleibt bei der Projektion in den Grundriß **erhalten**, damit steht l' auch senkrecht auf der Horizontalspur e_1 der Ebene *e*.
Die Senkrechten zu den Frontlinien *f* in einer Ebene nennt man **Fallinien 2. Art**, Bild 3.16. Sie zeigen die Richtung und das stärkste Gefälle einer Ebene zur **Aufrißebene** π_2 an. Die Fallinie 2. Art und ihre Aufrißprojektion l'' schließt den Winkel β ein. Er ist der Neigungswinkel zwischen Ebene und Aufrißebene π_2. Es entsteht das **„Stützdreieck** $\triangle V''H''H_0$.
Der rechte Winkel zwischen Frontlinie und Fallinie bei *S* bleibt bei der Projektion in den Aufriß erhalten, damit steht l'' auch senkrecht auf der Vertikalspur e_2 der Ebene *e*.

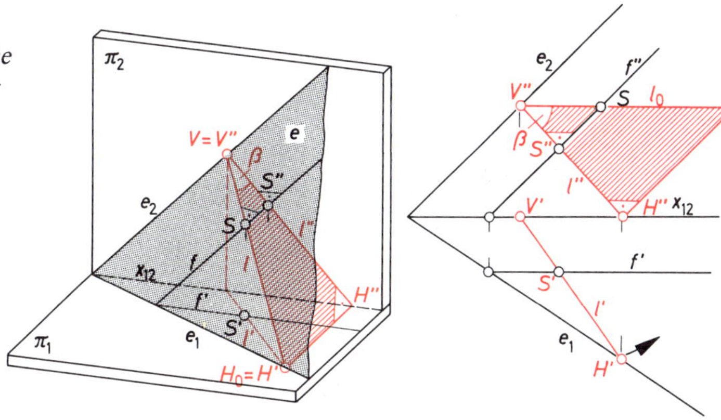

Bild 3.16 Dimetrische und orthogonale Darstellung der Fallinie 2. Art und ihres Neigungswinkels β

3.4.3. Aufgaben

1. Gegeben sind die Spurgeraden e_1 und e_2 der Ebene *e*.

Gesucht: Zeichnerische Bestimmung des Neigungswinkels α der Ebene *e*.

Lösung: Bild 3.17

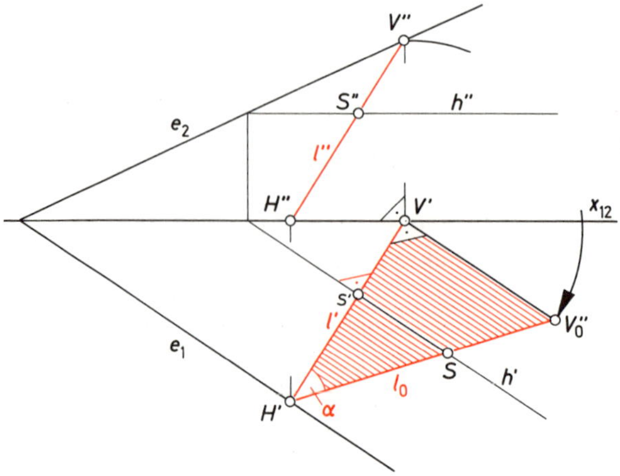

Bild 3.17

Text: Errichte an beliebiger Stelle S' auf h' das Lot bis zum Schnittpunkt V' und H'. $\overline{V'H'} = l'$ = Grundrißprojektion der Fallinie 1. Art.
Die Senkrechte in V' auf x_{12} errichtet ergibt V''.
$\overline{V'V''}$ = Senkrechter Abstand des vertikalen Durchstoßpunktes von der Grundrißebene π_1.
Kreisbogen um V' mit Radius $r = \overline{V'V''}$ schneidet das in V' auf l' errichtete Lot in V_0''.
$\overline{H'V''} = l_0$ = wahre Länge der durch den Punkt S gehenden Fallinie l, die mit l' den Neigungswinkel α in wahrer Größe einschließt.

2. Gegeben sind die beiden Spurgeraden e_1 und e_2 der Ebene e.

Gesucht: Zeichnerische Bestimmung des Neigungswinkels β der Ebene e.

Lösung: Bild 3.18

Konstruktion ist ähnlich wie bei Aufgabe 1 unter 3.4.3.

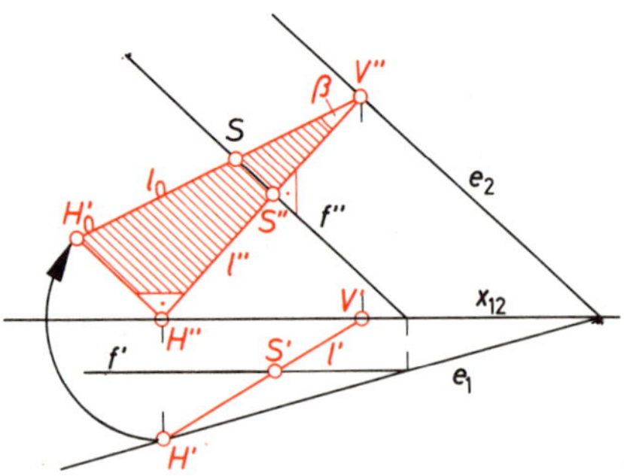

Bild 3.18

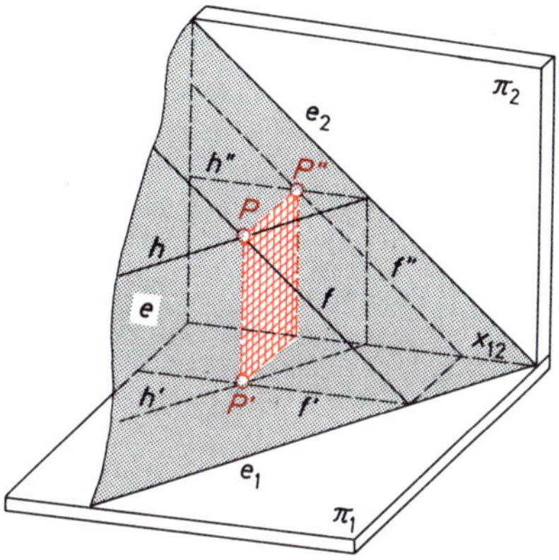

Bild 3.19 Dimetrische Darstellung der Punktbestimmung mit Hilfe von Höhen- und Frontlinien

3.5. Der Punkt in der Ebene

Als Bindeglied zwischen Punkt und Ebene wird die Höhen- oder Frontlinie verwendet, wie aus der Abbildung 3.19 ersichtlich ist. Liegt *P* **in** der Ebene, so muß er auch auf **einer Hauptlinie** liegen, deren Verlauf aber bekannt ist, wenn die Spuren der Ebene gegeben sind.

Die Hauptlinien sind bekanntlich die geometrischen Orte für alle Punkte, deren Abstand von den Bildebenen gleich groß ist.

Diese Erkenntnis wird angewandt und ist in Bild 3.20 dargestellt, wenn von einem Raumpunkt *P* nachzuweisen ist, daß er a) in der Ebene *e*, b) über der Ebene *e*, c) unter der Ebene *e* liegt.

Liegen die Bilder von $P = P'$ und P'' sowohl **auf den Bildgeraden** von *h* bzw. *f* im **Grund- und Aufriß**, verbunden durch die Ordnerlinie $\overline{P'P''}$, liegt *P* **in** der Ebene *e*.

Sind die Bedingungen nur **teilweise** erfüllt, liegt *P* **nicht** in der Ebene *e*.

> Ein Punkt liegt in einer Ebene, wenn er auf einer Höhen- oder Frontlinie liegt.

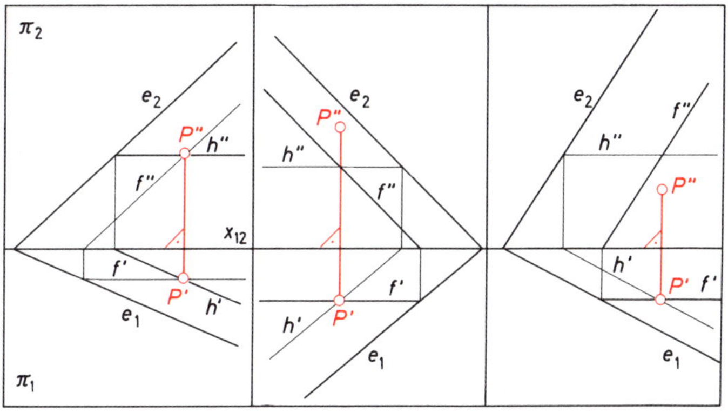

Bild 3.20 Punkt P liegt in e – P liegt über e – P liegt unter e

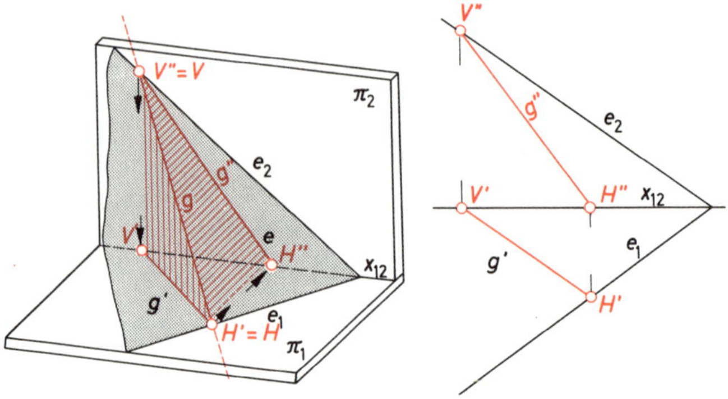

Bild 3.21 Dimetrische und orthogonale Darstellung einer Geraden g, die in einer Ebene e liegt

3.6. Gerade in der Ebene

Liegt eine Gerade in einer Ebene *e*, so schneidet sie die Spurgeraden der Ebene in den Spurpunkten *H* und *V*, Bild 3.21.

3.7. Aufgabe

Von der Geraden *g*, die in der Ebene *e* liegt, ist der Grundriß *g'* gegeben.

Gesucht: Aufriß *g''* und die wahre Länge von *g* sowie Neigungswinkel α der Ebene *e*.

Lösung: Bild 3.22

Lot in V' auf x_{12} schneidet e_2 in V'', desgleichen Lot von H' auf x_{12} ergibt H''. $\overline{V''H''} = g''$.
Die wahre Länge von *g* erhält man durch Paralleldrehen der Geraden zur Aufrißebene π_2.
Kreisbogen um V' mit Radius $r = g'$ schneidet x_{12} in H'_0. $\overline{V''H'_0} = g_0$ = **wahre Länge von *g*.**

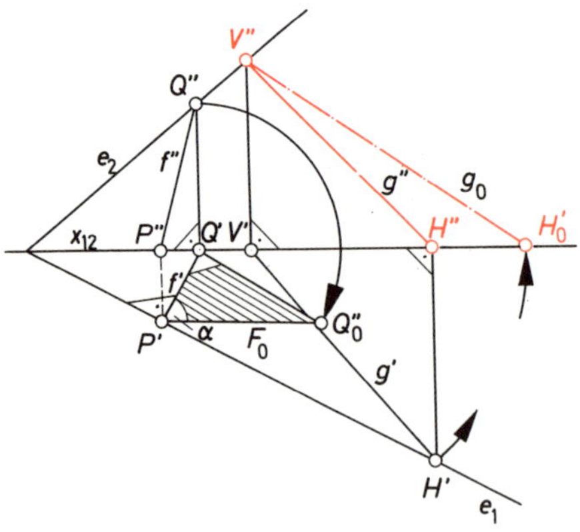

Bild 3.22

Das im beliebigen Punkt P' auf e_1 errichtete Lot schneidet x_{12} in Q'. $\overline{P'Q'} = f'$ = Grundrißprojektion der Fallinien f. Die Senkrechte in Q' auf x_{12} schneidet e_2 in Q''.
Kreisbogen um Q' mit Radius $r = \overline{Q'Q''}$ schneidet das in Q' auf $P'Q'$ errichtete Lot in Q_0''.
$\triangle Q'Q_0''P'$ ist das gesuchte Stützdreieck mit dem eingeschlossenen Neigungswinkel α.

3.8. Schnitt zweier Ebenen

Ebenen mit allgemeiner Lage schneiden sich in einer gemeinsamen Schnittlinie s, Bild 3.23, deren horizontaler Spurpunkt H_1 identisch ist mit dem **Schnittpunkt** der beiden **Ebenengrundrißspuren** $\boldsymbol{e_1}$ und $\boldsymbol{e_1^*}$ und deren vertikaler Spurpunkt V_1 identisch ist mit dem Schnittpunkt der beiden **Ebenenaufrißspuren** $\boldsymbol{e_2}$ und $\boldsymbol{e_2^*}$.

*Bild 3.23 Dimetrische Darstellung der Schnittgeraden zweier sich schneidender Ebenen e und e**

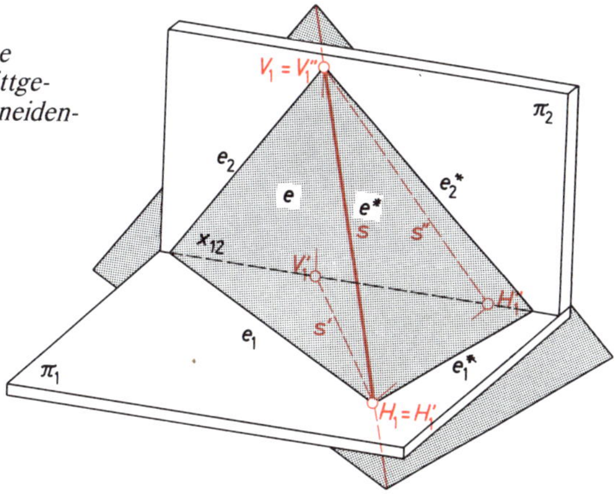

3.8.1. Bestimmung der Schnittgeraden s zweier Ebenen

Die 4 Spuren der beiden Ebenen e_1, e_2, e_1^* und e_2^* schneiden sich in $\boldsymbol{V_1''}$ und $\boldsymbol{H_1'}$. Zur Bestimmung der Schnittgeraden s werden die Spurschnittpunkte (H_1', V_1'') mittels Ordnerlinien auf x_{12} projiziert. Man erhält dadurch die Bildpunkte $\boldsymbol{H_1''}$ und $\boldsymbol{V_1'}$, Bild 3.24.

$$\overline{H_1' V_1'} = \boldsymbol{s'}$$

$$\overline{H_1'' V_1''} = \boldsymbol{s''}$$

H_1' und V_1'' sind **Spurpunkte** der **Ebenenschnittgerade** $\boldsymbol{s}$**, sie bestimmen den Verlauf der Bildgeraden** s' und s''. Wenn sich die beiden Ebenen außerhalb der Zeichenebene schneiden, wie in Bild 3.25 angedeutet, und keine Spurpunkte als Bestimmungspunkte für

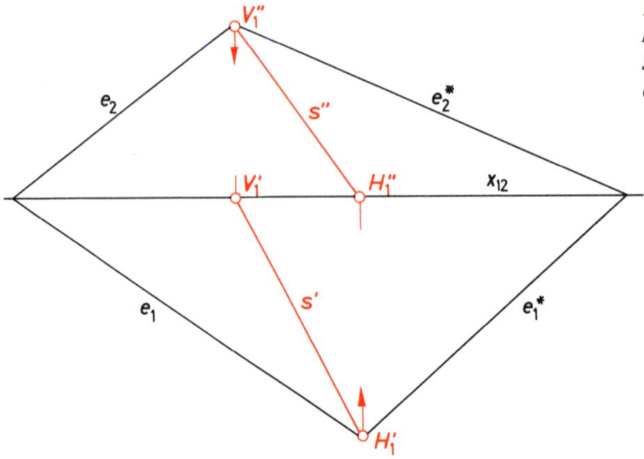

*Bild 3.24 Orthogonale Darstellung der Schnittgeraden s zweier sich schneidender Ebenen e und e**

Bild 3.25 Dimetrische Darstellung der Schnittlinienbestimmung mit Hilfe der Höhenlinien

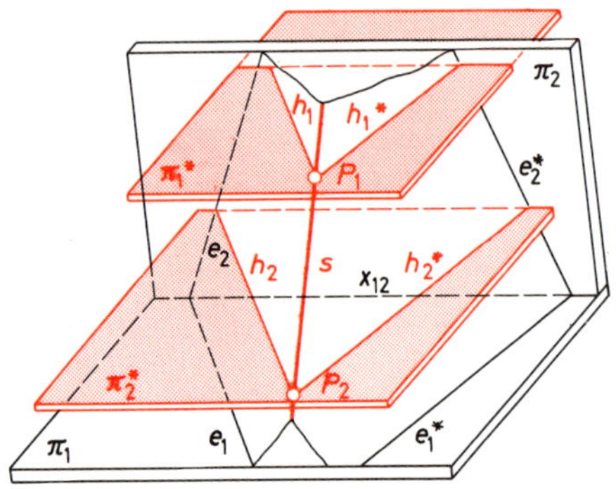

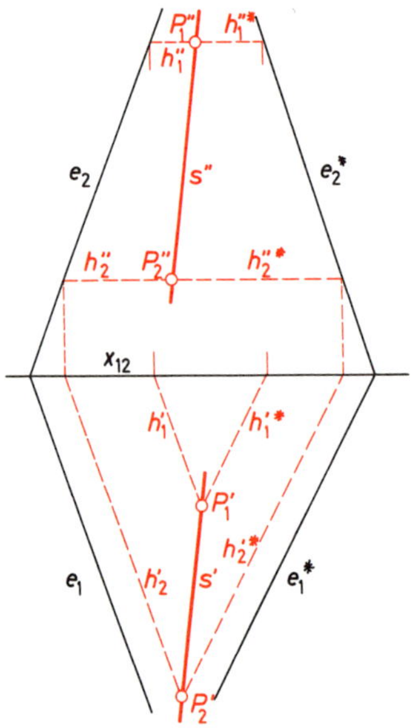

Bild 3.26 Konstruktion der Schnittlinie mittels Höhenlinien

die Schnittgerade s gegeben sind, erhält man s als Verbindungslinie der Schnittpunkte P_1 bzw. P_2 **verschiedener** Höhenlinien. Die Höhenlinie h_1 ist Schnittlinie einer beliebigen waagrechten Ebene π_1^* mit den Ebenen e und e^*. Die Konstruktion der Schnittgeraden ist in Abbildung 3.26 zeichnerisch abgebildet.

Die Verbindungslinie der Schnittpunkte P_1, P_2... der Höhenlinien ist die **Schnittlinie s** zweier Ebenen e und e^*; sie ist der geometrische Ort aller **Höhenlinienschnittpunkte**. Analoges gilt für die Frontlinien.

3.8.2. Bestimmung des Schnittwinkels α zwischen zwei sich schneidenden Ebenen e und e^*, Bild 3.27

Konstruktion zu Bild 3.28:

Bestimmung von s' und s''.
Errichte auf $\overline{H_1' V_1'}$ in V_1' das Lot, Kreisbogen um V_1' mit $r = \overline{V_1' V_1''}$ bis zum Schnittpunkt mit Lot in V_{10}.

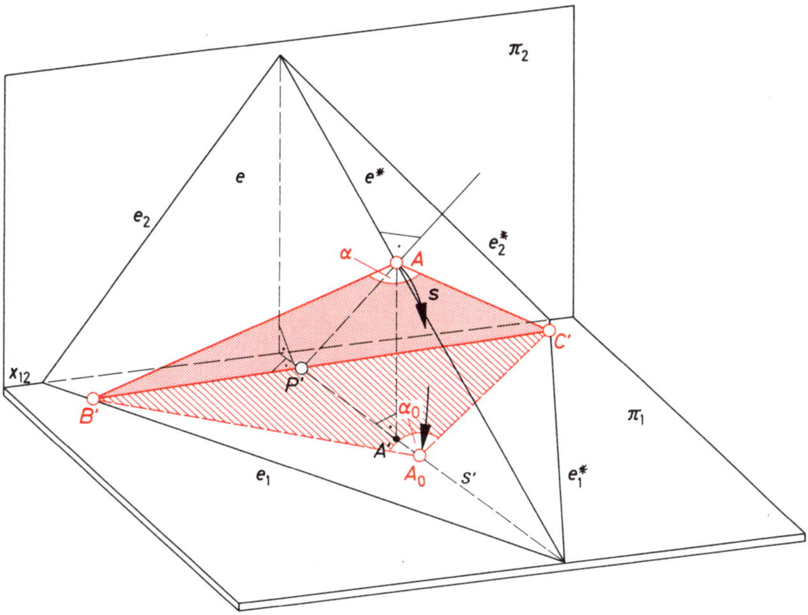

Bild 3.27 Dimetrische Darstellung der Schnittwinkelbestimmung

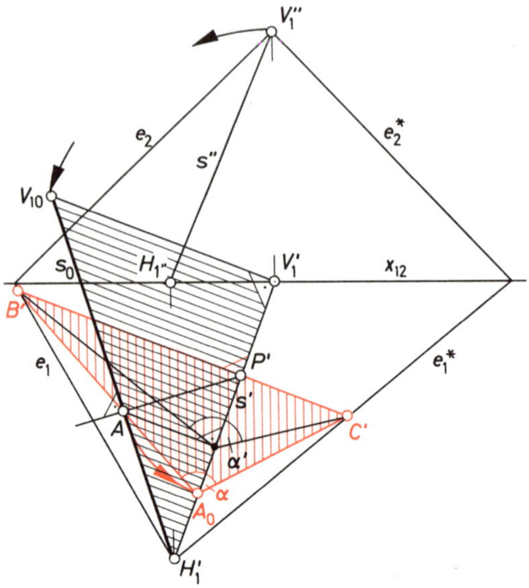

Bild 3.28 Orthogonale Darstellung der Schnittwinkelbestimmung zweier sich schneidender Ebenen

Errichte auf s' im beliebigen Punkt P' das Lot und verlängere es beidseitig bis zum Schnitt mit e_1 in B' und e_1^* in C'.
Lot in A auf s_0 durch P' ergibt Höhe $\overline{AP'}$ im $\triangle AB'C'$.
$\overline{AP'}$ wird mittels Kreis um P' bis zum Schnitt mit s' in A_0 in den Grundriß übertragen.
Verbinde A_0 mit B' und C'.
Der Winkel an der Spitze des $\triangle B'A_0C'$ = **Schnittwinkel** α zwischen den beiden Ebenen e und e^* **in wahrer Größe.**

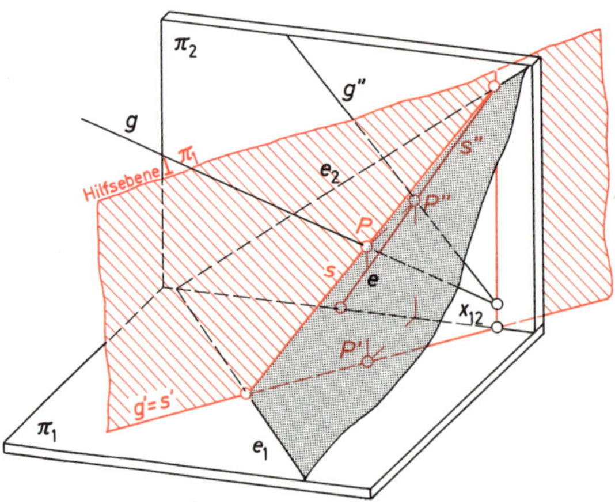

Bild 3.29 Dimetrische Darstellung der Bestimmung des Durchstoßpunktes P einer Geraden g mit e

3.9. Durchstoßpunkt einer Geraden g mit einer Ebene e

Bei gegebenen Spuren e_1 und e_2 einer Ebene e erhält man den Durchstoßpunkt der Geraden mit der Ebene, indem man durch die **Gerade** eine **Hilfsebene** legt, die senkrecht auf π_1 oder π_2 steht, Bild 3.29. Die dabei entstehende Schnittlinie s mit der Ebene

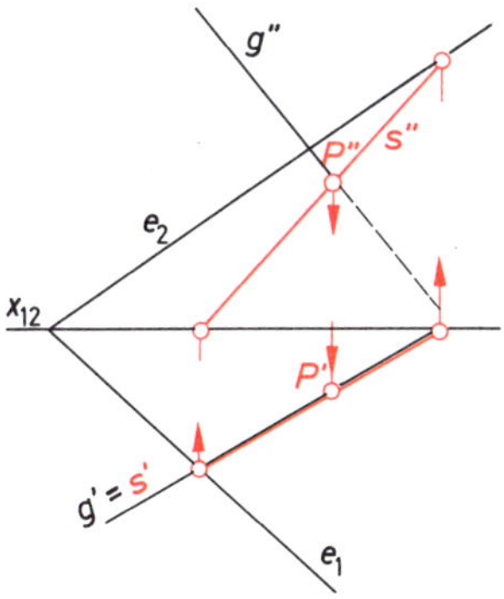

Bild 3.30 Durchstoßpunktbestimmung mittels Hilfsebene senkrecht π_1 auf g'

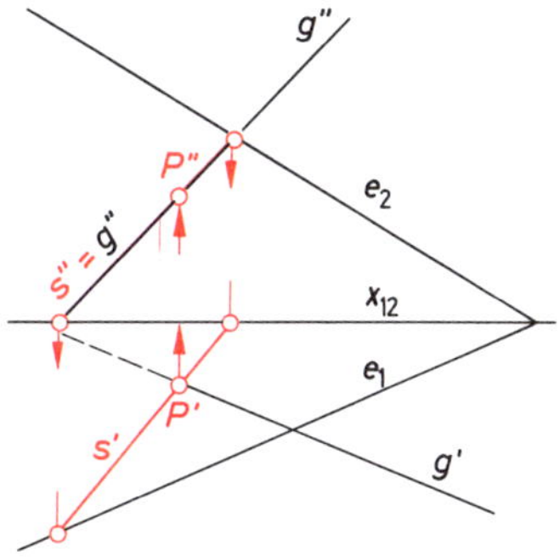

Bild 3.31 Durchstoßpunktbestimmung mittels Hilfsebene senkrecht π_2 auf g''

schneidet g im Durchstoßpunkt P. Die Konstruktion ist aus den Bildern 3.30 und 3.31 zu ersehen, wobei im ersten Bild eine **Hilfsebene** auf der **Grundrißprojektion** g' und im zweiten Bild auf der **Aufrißprojektion** g'' errichtet wird, jeweils senkrecht zu den Bildebenen. Die Schnittpunkte von s'' mit g'' und s' mit g' sind die gesuchten Bildpunkte P'' bzw. P' des Durchstoßpunktes P.

3.10. Senkrechte in oder von einem beliebigen Punkt *P* auf eine Ebene *e*

3.10.1. Senkrechte von einem beliebigen Punkt *P* außerhalb einer Ebene *e* auf die Ebene *e*, Bild 3.32

Steht eine Gerade *g* auf einer Ebene senkrecht, dann steht sie senkrecht auf den Hauptlinien und bildet sich im Grundriß als Senkrechte zu e_1 bzw. im Aufriß zu e_2 ab.

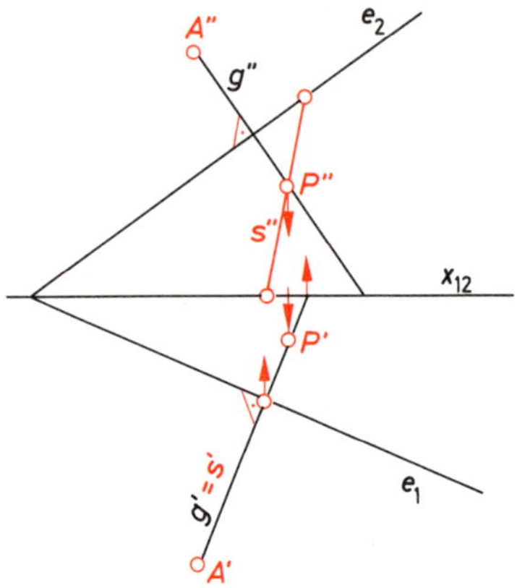

Bild 3.32 Senkrechte von A auf Ebene e

Konstruktion:
Bei gegebenen Spuren e_1 und e_2 einer Ebene *e* und den Bildern *A'* und *A"* des außerhalb der Ebene *e* liegenden Punktes *A* erhält man den Durchstoßpunkt *P*, indem man auf den Spuren e_1 und e_2 die Senkrechten durch die Bildpunkte *A'* und *A"* errichtet. Die Hilfsebenen senkrecht *g'* bzw. *g"* führen in bekannter Weise zum Durchstoßpunkt *P'* bzw. *P"*.

3.10.2. Senkrechte in einem beliebigen Punkt *P* innerhalb der Ebene *e*, Bild 3.33

Konstruktion:
Das **Lot *l*** im Punkt *P* der Ebene steht **senkrecht auf allen Geraden** der Ebene, die **durch *P*** verlaufen, auch auf den entsprechenden Hauptlinien (verlaufen parallel zu e_1 und e_2). Die **Senkrechten auf den Ebenenspuren** durch die Bildpunkte *P'* und *P"* sind die Bilder der Lote auf die Ebene im Punkt *P*.

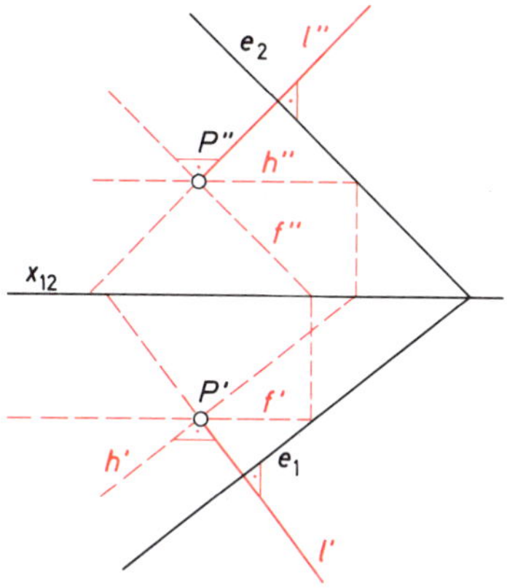

Bild 3.33 Senkrechte im Punkt P der Ebene e

3.11. Durchstoßpunkt einer Geraden mit einer begrenzten ebenen Figur

Zur Bestimmung des Durchstoßpunktes *P* in einer begrenzten Ebene △*ABC* legt man wie bei den unbegrenzten Ebenen entsprechende Hilfsebenen durch *g*, Bild 3.34, die die Ebene und *g* im Durchstoßpunkt *P* schneiden.

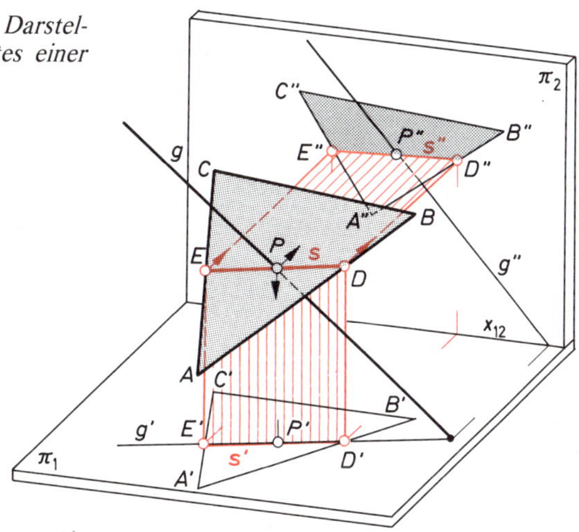

Bild 3.34 Dimetrische Darstellung des Durchstoßpunktes einer Geraden g mit Δ ABC

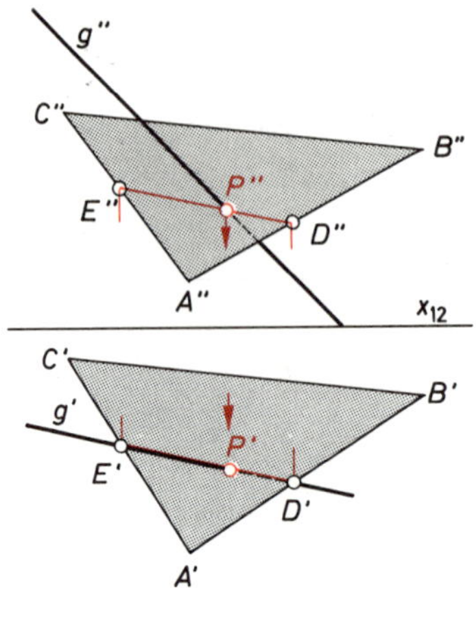

Bild 3.35 Bestimmung des Durchstoßpunktes einer Geraden mit einer begrenzten Ebene

Konstruktion zu Bild 3.35:

Eine Hilfsebene auf g' senkrecht zu π_1 schneidet $\overline{A'C'}$ in E' und $\overline{A'B'}$ in D'. Die entsprechenden Schnittpunkte E'' und D'' im Aufriß liegen auf den Ordnerlinien und den entsprechenden Dreieckseiten.

$\overline{E''D''}$ = Schnittlinie der Hilfsebene mit $\triangle ABC$ im Aufriß.

P'' = Schnittpunkt der Schnittlinie $\overline{E''D''}$ mit g'' = Durchstoßpunkt der Geraden g im Aufriß mit der begrenzten Ebene $\triangle ABC$.

P' liegt auf der Ordnerlinie durch P'' und g'. Man erhält P' und P'' auch, wenn man auf g'' senkrecht zu π_2 eine Hilfsebene errichtet und analog der beschriebenen Konstruktion verfährt.

4. Achsenaffinität

Die **Achsenaffinität** ist eine **geradentreue** Abbildung der Geraden zweier Ebenen π_1 und π_4, wobei sich die **entsprechenden** Geraden der beiden Ebenen auf einer Achse, der **Affinitätsachse,** schneiden und die Verbindungslinien, **Affinitätsstrahlen,** entsprechender Punkte parallel zueinander sind, Bild 4.1.

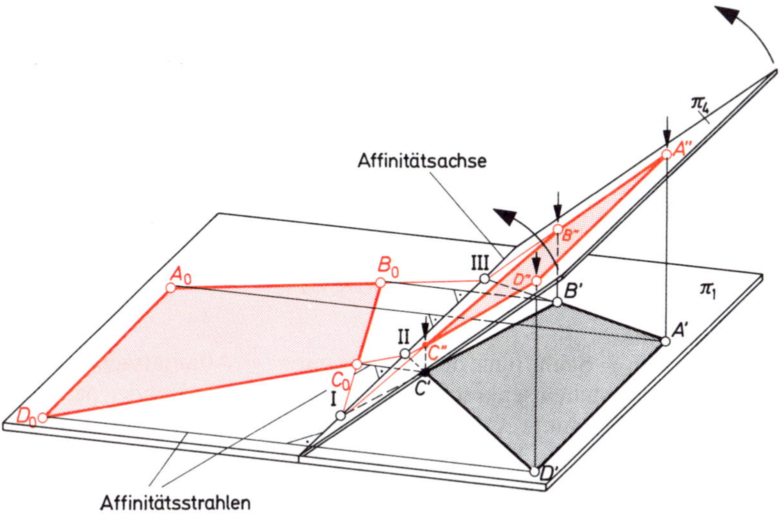

Bild 4.1 Dimetrische Darstellung der Achsenaffinität

> Wenn sich die zwei Ebenen nicht schneiden, d.h. parallel sind, entsteht Kongruenz als Sonderfall der Affinität.

Zwischen den Figuren $A'B'C'D'$ und $A''B''C''D''$ bestehen **geometrischverwandtschaftliche** Beziehungen, d.h., sie sind zueinander **affin**, da sie durch Parallelprojektion auseinander hervorgegangen sind.

Entsprechende Verbindungslinien $\overline{A'B'}$ und $\overline{A''B''}$, $\overline{B'C'}$ und $\overline{B''C''}$ sowie $\overline{C'D'}$ und $\overline{C''D''}$ schneiden sich auf der Schnittlinie der beiden Ebenen π_1 und π_4 in den Punkten III, I und II. Sie liegen auf der **Affinitätsachse.**
Wenn die Ebene π_4 um die Affinitätsachse in die verlängerte Ebene π_1 gedreht wird, stehen die Verbindungslinien affiner Punkte (A' und A''...) **senkrecht** auf der Affinitätsachse. Man bezeichnet diese Verbindungslinien als **Affinitätsstrahlen.** Sie verlaufen zueinander **parallel** und stehen nur bei der Normalprojektion senkrecht auf der Affinitätsachse.

Mit Hilfe der Affinität kann man die **wahre Größe** einer **ebenen Schnittfläche** bestimmen. Voraussetzung hierzu ist die Kenntnis über

a) die **Lage der Affinitätsachse,**

b) **Richtung der Affinitätsstrahlen** (bei Normalprojektion senkrecht auf der Affinitätsachse),

c) mindestens **ein Paar affiner Punkte.**

4.1. Anwendung der Affinität

Aufgabe: Gegeben die Bilder des Sechseckes *ABCDEF* im Grund- und Aufriß, sowie die Spuren e_1 und e_2 der Ebene *e*.

Gesucht: Wahre Größe des Sechsecks *ABCDEF*.

Lösung: Bild 4.2
Spur e_1 = Schnittlinie der Ebene *e* mit π_1 = Affinitätsachse. Die Affinitätsstrahlen stehen senkrecht auf e_1 und sind untereinander parallel, sie gehen durch die Punkte $A'B'C'D'E'F'$. Zur weiteren Lösung wird noch ein Paar entsprechender Punkte, z.B. $E'E_0$, benötigt. E_0 erhält man mit Hilfe des Neigungswinkels α und indem man dann E' senkrecht auf die Fallinie $\overline{V_0H'}$ projiziert. Der so gefundene Punkt E_0 wird mittels Kreisbogen um H' auf dem verlängerten Affinitätsstrahl bis E_0 abgetragen. Die Verlängerung $\overline{F'E'}$ schneidet e_1 im Punkt I. Die Verlängerung der Verbindungslinie $\overline{\mathrm{I}E_0}$ schneidet den durch F' gehenden Affinitätsstrahl in F_0. In derselben Weise wird mit den übrigen Strecken bzw. Punkten verfahren. Auf e_1 ergeben sich Schnittpunkte II, III, IV, V und VI. $A_0B_0C_0D_0E_0F_0$ ist das gesuchte Sechseck in wahrer Größe.

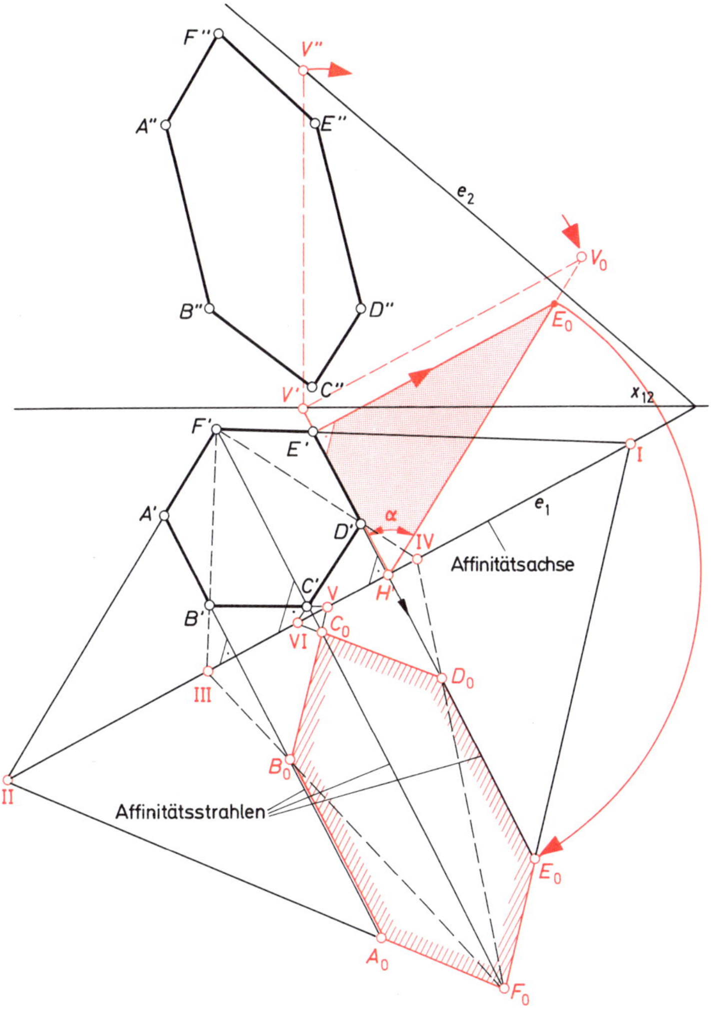

Bild 4.2

4.2. Aufgabe

Gegeben: Bild $A'B'C'D'$, Affinitätsachse, Affinitätsrichtung sowie C_0.

Gesucht: Affine Figur zum gegebenen Bild $A'B'C'D'$ mit Hilfe der Affinität.

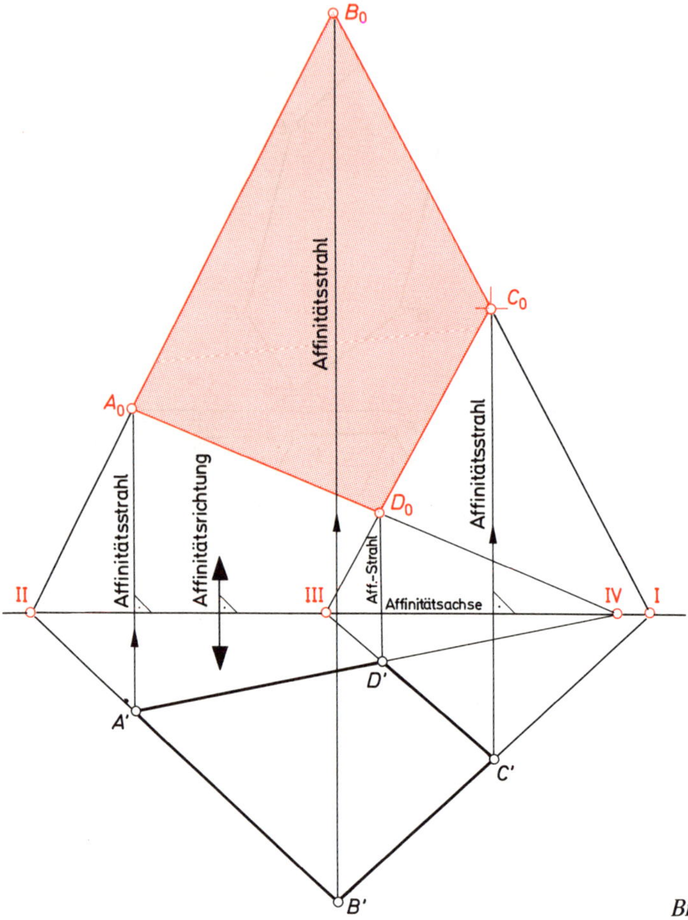

Bild 4.3

Lösung: Bild 4.3

Durch die Punkte A', B', C' und D' werden die Affinitätsstrahlen als Parallelen zur Verbindungsgeraden $\overline{C'C_0}$ gezeichnet. Sie stehen senkrecht auf der Affinitätsachse. Die Verlängerung der Verbindungsgeraden $\overline{B'C'}$ schneidet die Affinitätsachse in I. Die zu $\overline{B'C'}$ entsprechende Strecke $\overline{B_0C_0}$ erhält man als Verbindungsgerade von I mit C_0 und dem Schnitt dieser Verlängerung mit dem entsprechenden Affinitätsstrahl in B_0. Die Verlängerung von $\overline{A'B'}$ schneidet die Affinitätsachse in II, das mit B_0 verbunden das entsprechende Geradestück $\overline{A_0B_0}$ ergibt. In derselben Weise werden die Schnittpunkte II und III mit der Affinitätsachse und die fehlenden Geradenstücke $\overline{A_0D_0}$ und $\overline{D_0C_0}$ bestimmt.

5. Ebene Schnitte, Abwicklungen und Durchdringungen an ebenflächig begrenzten Körpern

5.1. Ebenflächige Schnitte

5.1.1. Schräger Schnitt am senkrechten Prisma, Schnittebene $e \perp \pi_2$, Bild 5.1

Konstruktionstext für die Bestimmung der am Prisma entstehenden Schnittfläche, Bild 5.2.

Die senkrechten Kanten des Prismas durchstoßen in den Punkten A'', B'', C'' und D'' die

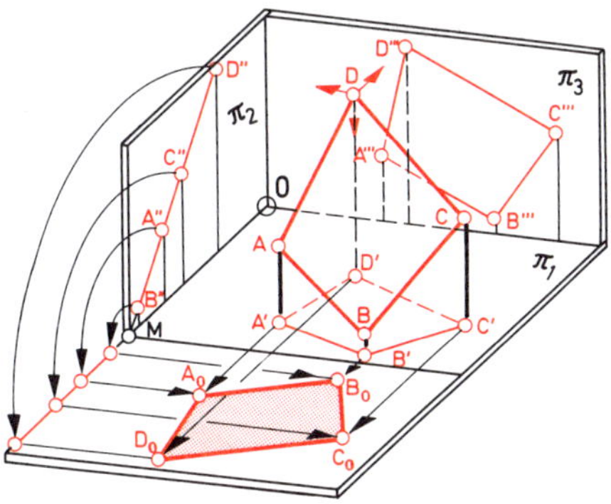

Bild 5.1 Dimetrische Darstellung des ebenen Schnittes am Prisma mit senkrechter Abbildung sowie Bestimmung der wahren Größe der Schnittfläche durch Umklappen

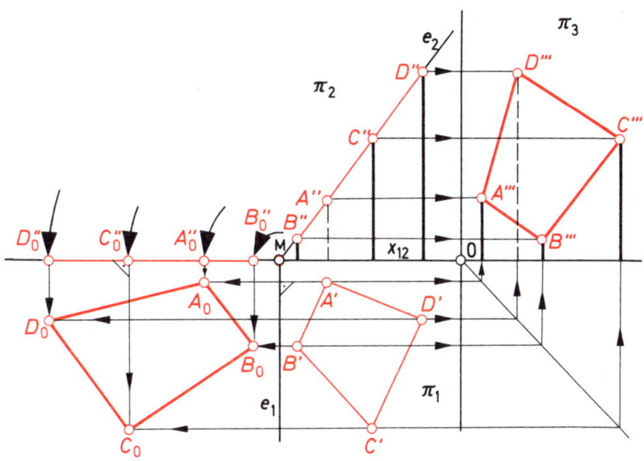

Bild 5.2 Orthogonale Abbildung des ebenen Schnittes am senkrechten Prisma

Schnittebene *e*. Diese **Kantendurchstoßpunkte** fallen im Aufriß π_2 mit der **Schnittlinie** e_2 zusammen. e_1 und e_2 schneiden sich in *M* auf x_{12}.
Die Durchstoßpunkte werden **mittels Kreisbögen** um *M* in die **verlängerte Grundriß-ebene** übertragen (A_0'', B_0'' ...).
Die Senkrechten in A_0'', B_0'' auf x_{12} und die Senkrechten in A', B'... auf e_1 schneiden sich in A_0, B_0, C_0 und D_0.
Die Seitenansicht der Schnittfläche erhält man durch Übertragen der jeweiligen Bildpunkte in π_1 und π_2 nach π_3 = Seitenriß mittels bekannter Konstruktion.

Die Lage von *M* ist abhängig von der Lage von e_2 und x_{12}, wobei x_{12} beliebig parallel nach oben oder unten verschoben werden kann.

5.1.2. Beliebiger ebener Schnitt am senkrechten Prisma, Bild 5.3

Beim **beliebigen**, d.h. dem **allgemeinen Schnitt** am Prisma, erhält man die **Durchstoß-punkte** *A, B*... mit Hilfe einer Erkenntnis aus der Achsenaffinität: **Entsprechende Geraden** schneiden sich auf einer **gemeinsamen Achse,** z.B. e_1 oder e_2.

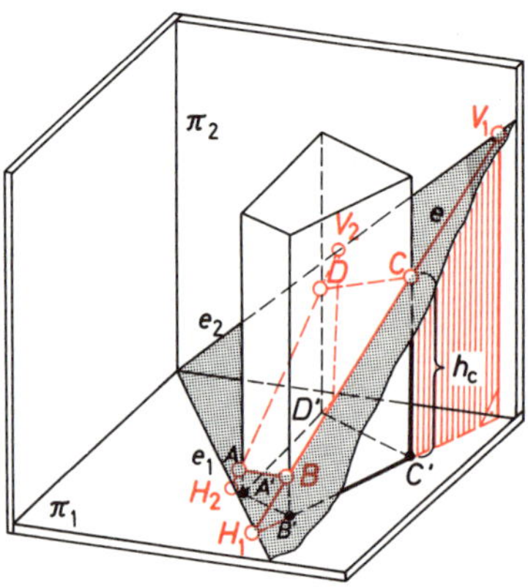

Bild 5.3 Dimetrische Darstellung des beliebigen ebenen Schnittes am senkrechten Prisma

Die Ebene *e* schneidet π_1 in e_1, π_2 in e_2; das Prisma projiziert sich in π_1 in den Punkten $A'B'C'D'$. Über $\overline{B'C'}$ und $\overline{A'D'}$ werden Hilfsebenen errichtet, die senkrecht auf π_1 stehen. Sie schneiden die Ebene *e* in gemeinsamen Schnittlinien $\overline{H_1V_1}$ und $\overline{H_2V_2}$.
Diese Schnittlinien schließen jeweils zwischen den senkrechten Kantenlinien des Prismas die gesuchten Streckenabschnitte $\overline{AD}$ und $\overline{BC}$ ein.

Bild 5.4 Orthogonale Abbildung des beliebigen ebenen Schnittes am senkrechten Prisma mit Bestimmung der wahren Größe der Schnittfläche

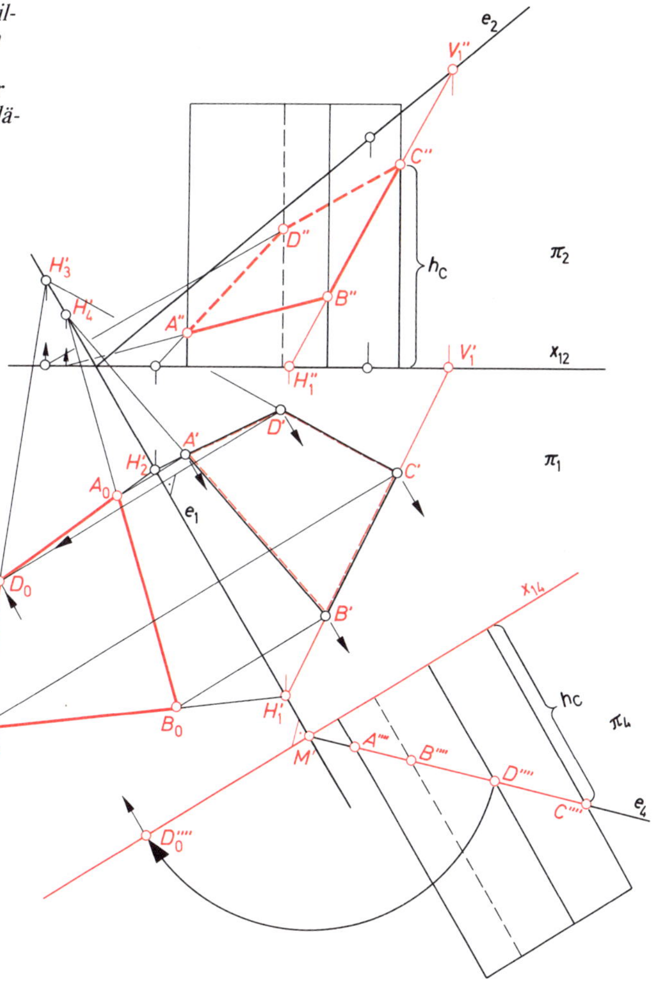

Konstruktionstext zu Bild 5.4

Die gemeinsame Schnittlinie der Prismenseite über BC (kann auch als Hilfsebene $\perp \pi_1$ betrachtet werden) mit der Schnittebene e erhält man durch Verlängern von $\overline{B'C'}$ bis zum Schnitt mit e_1 in H_1' sowie mit x_{12} in V_1'. H_1' wird mittels Ordner auf x_{12} projiziert bis H''_1, desgleichen V_1'' auf e_2 bis V_1''.

$\overline{H_1''V_1''}$ = Schnittlinie der Ebene e mit der Hilfsebene über $\overline{B'C'}$. Die Prismenkanten schneiden sie in B'' und C''. Entsprechend verfährt man mit $\overline{A'D'}$.

Zur Kontrolle wird mit den Prismenseiten $\overline{A'B'}$ und $\overline{C'D'}$ in gleicher Weise verfahren, so daß man auf e_1 die Schnittpunkte H_1', H_2', H_3' und H_4' erhält, die für die Bestimmung der wahren Größe der Schnittfläche mitverwendet werden. Für die Anwendung der Achsenaffinität wird noch ein Paar entsprechender Punkte benötigt. Hierzu muß eine neue Bildebene π_4 eingeführt werden, die senkrecht auf π_1 an beliebiger Stelle M' errichtet wird. Sie erzeugt mit π_1 die Grundrißspur x_{14}. Die Ebene e schneidet π_4 in e_4. Der Verlauf der Ebenenspur e_4 kann mit Hilfe des Neigungswinkels α oder der Lage (h_c) eines Durchstoßpunktes, z.B. C'', bestimmt werden. Durch Umprojektion des Prismas auf π_4 in bekannter Weise erhält man die Durchstoßpunkte A'''', B'''' .., der Prismenkanten, von denen ein Punkt, z.B. D'''', mittels Kreisbogen um M auf die Verlängerung von x_{14} und von dort in bekannter Weise in die Grundrißebene π_1 übertragen wird.

5.1.3. Aufgabe

Schnitt eines senkrechten, dreiseitigen Prismas mit einer Ebene e

Gegeben: Spuren e_1 und e_2 der Ebene e, Grundrißprojektion des Prismas mit Grundfläche $\triangle\ A'B'C'$.

Gesucht: Schnittfläche $A''B''C''$ in π_2 und wahre Größe der Schnittfläche $A_0B_0C_0$.

Lösung: Bild 5.5

Text entsprechend **Konstruktion 5.4**

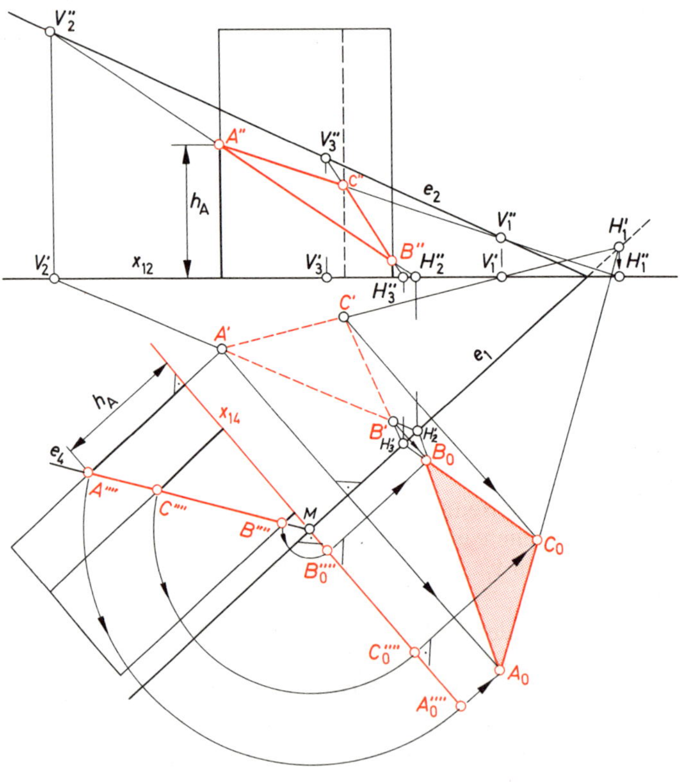

Bild 5.5

Bild 5.6 *Dimetrische Darstellung des schrägen Pyramidenschnittes*

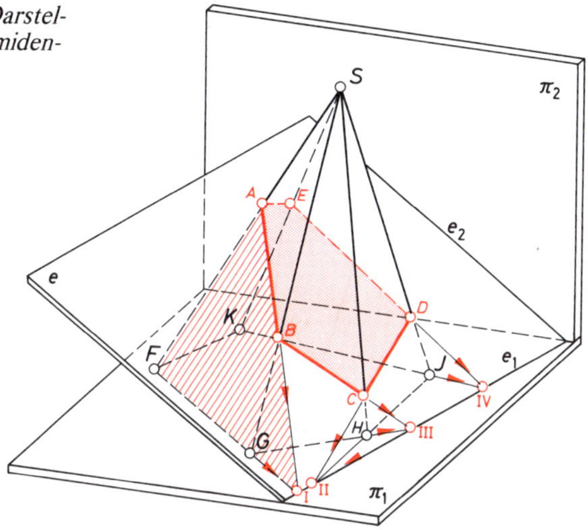

> Die wahre Größe des $\triangle A_0B_0C_0$ kann mit Hilfe von Kreisbögen bestimmt werden. Die Anwendung der Achsenaffinität dient der Nachprüfung.

5.1.4. Schräger Schnitt an der Pyramide

Beim Pyramidenschnitt besteht, wie in Bild 5.6 dargestellt, zwischen der Schnittebene *e* und der Grundfläche der Pyramide in π_1 eine **Punktverwandtschaft**, die **perspektive Kollineation** = geometr. Verwandtschaft zwischen Schnittfläche und Grundfläche der Pyramide.

Sie ist gekennzeichnet durch:

a) Die **Pyramidenkanten** schneiden sich in **einem Punkt**, dem **Kollineationszentrum** ***S***.

b) **Entsprechende Punkte**, z.B. *A* und *F* liegen auf **einer Pyramidenkante = Kollineationsstrahl**, der durch *S* geht.

c) Die **Verlängerungen entsprechender** Geraden schneiden einander in der **Grundrißspur** e_1 = **Kollineationsachse**, z.B. $\overline{FG}$ und $\overline{AB}$ in I.

Die **Zentralprojektion** eines **ebenen Gebildes** auf eine **Ebene** ergibt eine **perspektive Kollineation.**
Sie ist bestimmt durch das Kollineationszentrum *S*, die **Kollineationsachse** e_1 und **ein Paar entsprechender Punkte**, z.B. *A* und *F*.

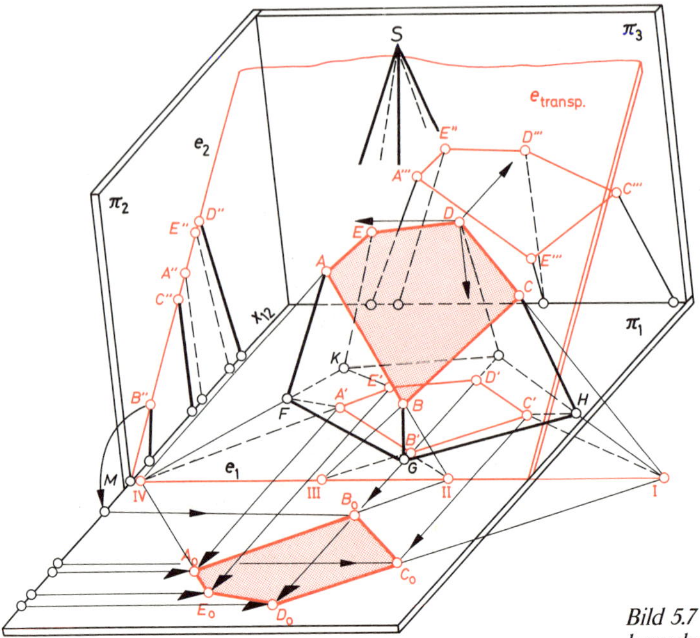

Bild 5.7 Dimetrische Darstellung der Schnittflächenbestimmung an der Pyramide

5.1.4.1. Schräger Schnitt einer Pyramide durch Ebene $e \perp \pi_2$

Die räumliche Darstellung Bild 5.7 zeigt, wie der Ebenenschnitt in π_2 als Schnittbild die Schnittgerade $\overline{A''B''C''E''D''}$ erzeugt.
Mittels Kollineation erhält man das Schnittbild im Grundriß, und zwar mit e_1 als Kollineationsachse und S als Kollineationszentrum. Mit A' und A'' ist ein Paar einander zugeordneter Punkte gegeben.
Konstruktionstext zu Bild 5.8: Die Verlängerung von $\overline{F'K'}$ ergibt auf e_1 den Schnittpunkt I, der mit A' verbunden auf $\overline{S'K'}$ den Schnittpunkt E' ergibt. Alle anderen Eckpunkte der Schnittfläche sind auf dieselbe Weise zu bestimmen, das heißt es ist immer eine Kante mit bekanntem Schnittpunkt (A') mit einer Kante, deren Schnittpunkt (E') noch nicht bekannt ist, über den gemeinsamen Schnittpunkt (I) auf e_1 in Verbindung zu bringen.
Für die Bestimmung der wahren Größe der Schnittflächen $A_0B_0C_0D_0E_0$ wird die Kenntnis über die Affinität in Anwendung gebracht, mit e_1 als Affinitätsachse, den parallelen, auf e_1 senkrecht stehenden Verbindungsgeraden entsprechender Punkte als Affinitätsstrahlen und einem Paar entsprechender Punkte, z.B. A' und A_0. Verbindet man nämlich den Punkt I mit A_0, schneidet er den auf e_1 senkrecht stehenden Affinitätsstrahl durch E' in E_0.

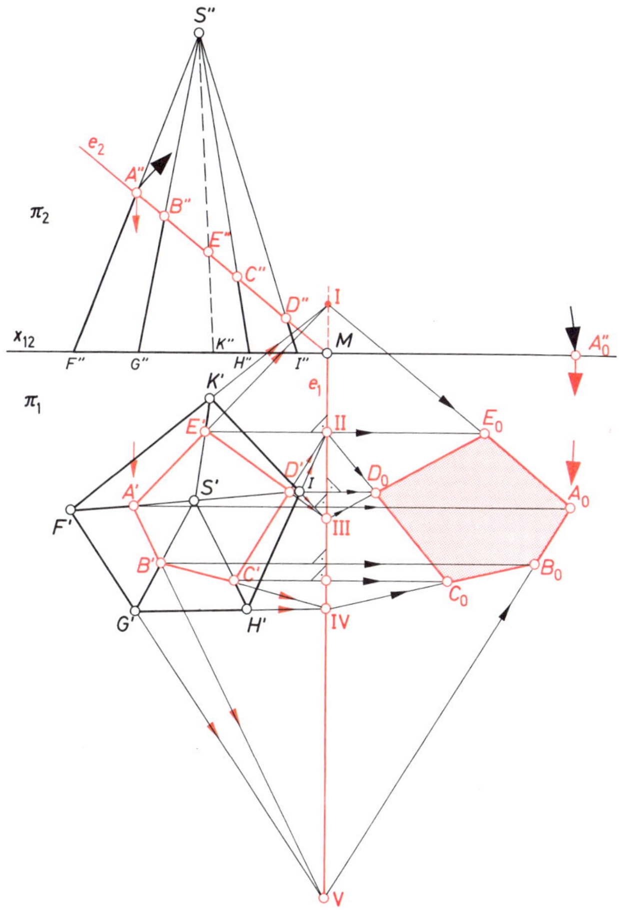

Bild 5.8 Orthogonale Abbildung der Schnittflächenbestimmung an der Pyramide

5.1.4.2. Beliebiger ebener Schnitt einer Pyramide

Das Bild 5.9 zeigt, wie bei allgemeiner Lage der Ebene e (Spuren e_1 und e_2) die Schnittfläche an der Pyramide mit der Grundfläche $EFGH$ und der Spitze S mittels Einführung einer Seitenrißebene π_4, die senkrecht auf π_1 steht, ermittelt wird. Die Grundrißspur x_{14} dieser Hilfsebene steht an beliebiger Stelle M' senkrecht auf e_1. Die Schnittebene e schneidet π_4 in e_4, deren Verlauf durch den Neigungswinkel α gegeben ist. Er wird in bekannter Weise ermittelt. Die Schnittfläche an der Pyramide erscheint in π_4 als Strecke $D^{IV}A^{IV}C^{IV}B^{IV}$.

Die zentrale Kollineation ermöglicht das Auffinden der Schnittfläche $A'B'C'D'$ im Grundriß, während die wahre Größe der Schnittfläche durch Anwendung der Achsenaffinität gefunden wird.

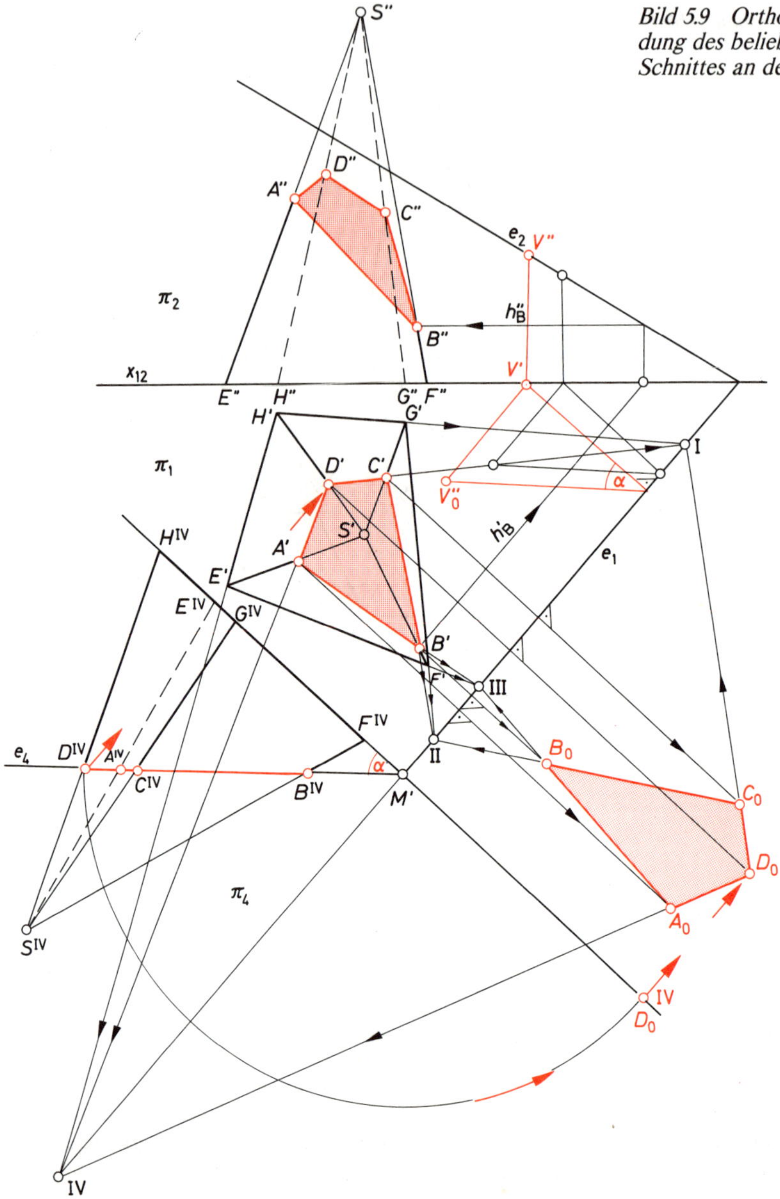

Bild 5.9 Orthogonale Abbildung des beliebigen ebenen Schnittes an der Pyramide

Für die Kollineation wird das Bildpunktpaar D^{IV} und D' und für die Achsenaffinität $D'D_0$ ausgewählt. Die punktweise Übertragung der Eckpunkte der Schnittfläche $A'B'C'D'$ in den Aufriß geschieht unter Verwendung von Höhenlinien, z.B. h_B.

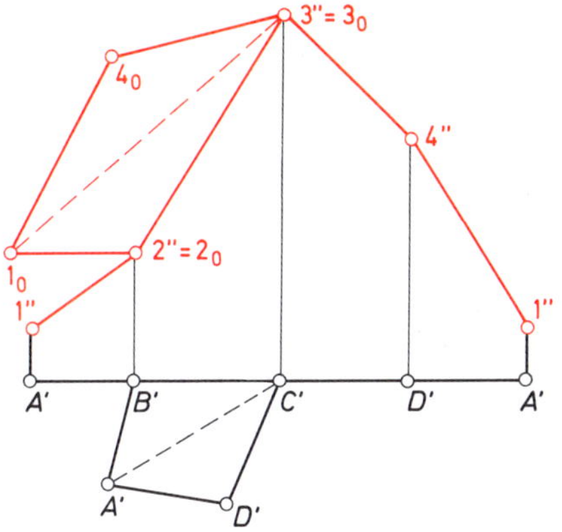

Bild 5.10 Abwicklung des Prismas Bild 5.1.4.2

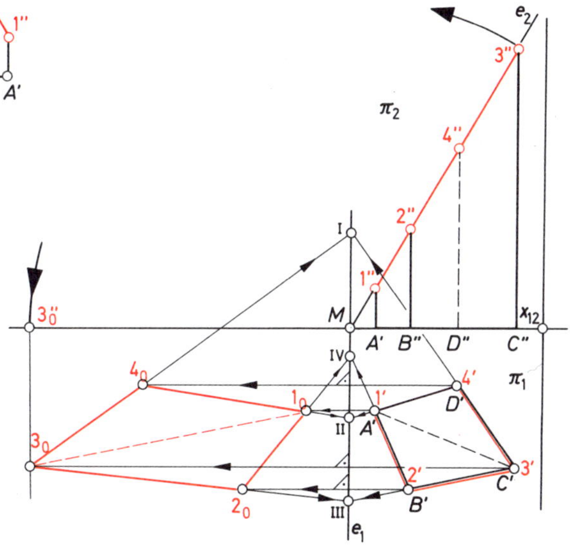

Bild 5.11 Bestimmung der wahren Größe der Schnittfläche für die Abwicklung des Prismas

5.2. Abwicklung ebenflächig begrenzter Körper

5.2.1. Abwicklung von Prismen

Unter der **Abwicklung** eines Prismas versteht man die **zusammenhängende Aneinanderreihung** der längen- und winkelgerechten, d.h. **flächengerechten Wiedergabe** der Begrenzungsflächen des Prismas in einer Ebene = Zeichenebene, Bild 5.10. Hieraus ist ersichtlich, daß $\overline{A'A'}$ = der Länge des abgewickelten Umfangs der Prismengrundfläche ist. Für die Abwicklung wird aus Bild 5.11 der Abstand der jeweiligen Kantendurchstoßpunkte 1″, 2″, 3″ und 4″ von π_1, d.h. x_{12}, in wahrer Größe entnommen und über den Eckpunkten A', B', C', D' in die Abwicklung übernommen.
Die Deckfläche, deren wahre Größe mittels Achsenaffinität bestimmt wurde, wird an einer beliebigen Schnittlinie angetragen. Desgleichen die wahre Größe der Grundfläche.

Abwicklung = Mantelfläche + Grundfläche + Schnittfläche.

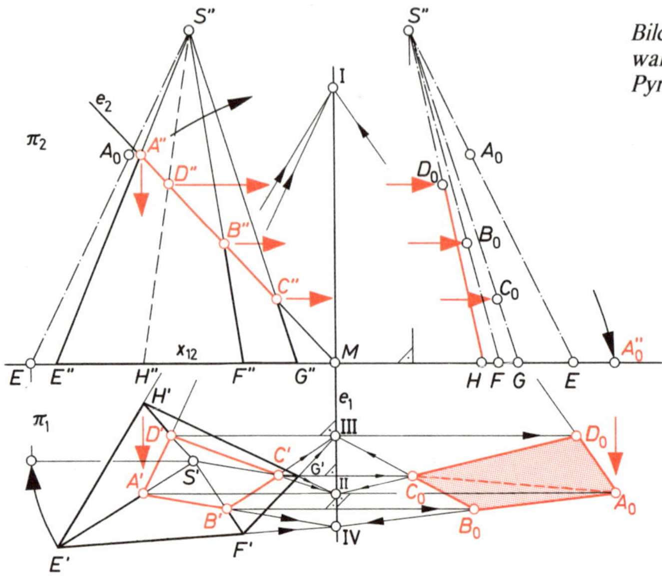

Bild 5.12 Bestimmung der wahren Kantenlänge an der Pyramide

5.2.2. Abwicklung von Pyramiden

Bei der Abwicklung der Mantelflächen von Pyramiden wird **zuerst** die **ungeschnittene** Pyramide abgewickelt. Dann werden die **wahren Längen** der Kantenlinien von der **Spitze** bis zu den jeweiligen **Kantendurchstoßpunkten** in die Abwicklung übertragen. Man erhält sie infolge **Paralleldrehens**, Bild 5.12, aller Kantenabschnitte wie z.B. $\overline{S'E'} \| x_{12}$ und Übertragung der so gefundenen Kantenlängen in eine getrennte Hilfsfigur neben der Aufrißabbildung der Pyramide. Da die Durchstoßpunkte beim Paralleldrehen in

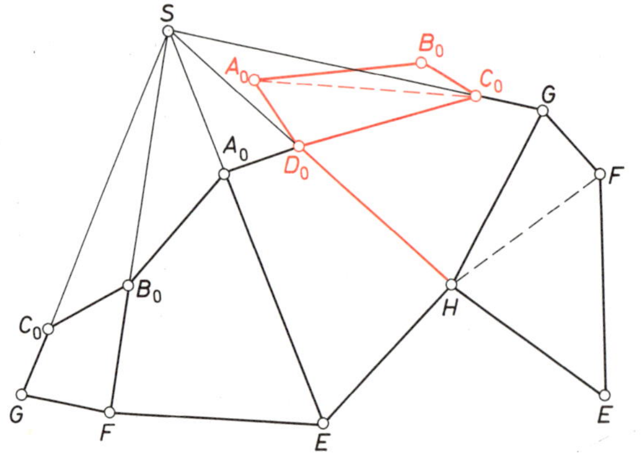

Bild 5.13 Abwicklung der Pyramide aus Bild 5.12

einer Kreisebene ∥ π_1 gedreht werden, die sich im Aufriß als eine Parallele zu x_{12} abbildet, kann man die Bilder der Kantendurchstoßpunkte im Aufriß (A'', D''...) direkt auf den betreffenden Hilfsstrahl (= wahre Länge der jeweiligen Pyramidenkante, z.B. $S''E$) projizieren. Die Übertragung der wahren Kantenlängen erfolgt mittels Zirkel in die getrennte Abwicklungsfigur mit dem beliebig angeordneten Punkt S, Bild 5.13

> Bei der Abwicklung einer Pyramide beginnt man in der Regel mit der Körperkante, deren Durchstoßpunkt von der Spitze den größten Abstand hat, z.B. $\overline{SG}$.

5.2.3. Aufgaben

1. Gegeben: Grund- und Aufriß eines vierseitigen, senkrechten Prismas mit der Grundfläche $EFGH$ sowie die Spuren e_1 und e_2 der Ebene e.

Gesucht:
a) Schnittfläche $A''B''C''D''$ am Prisma im Aufriß.
b) Mantelabwicklung ohne Grundfläche einschließlich wahrer Größe der Schnittfläche

Lösung: Bild 5.14
Konstruktionstext siehe Abschnitt 5.1.2

2. Gegeben: Fünfseitige Pyramide, die von der Ebene e in der gezeichneten Weise geschnitten wird, Spuren der Ebene = e_1 und e_2.

Gesucht:
a) Schnittflächen im Grundriß, Auf- und Seitenriß.
b) Wahre Größe der Schnittfläche
c) Abwicklung der geschnittenen Pyramide einschließlich Grund- und Schnittfläche

Lösung: Bild 5.15
a) Seitenansicht mit Spur x_{14} und e_4 ergibt Schnittlinie $A^{IV}B^{IV}C^{IV}D^{IV}$
b) Bestimmung eines Paares entsprechender Punkte, z.B. $C'C^{IV}$ für die Anwendung der Kollineation zur Bestimmung von $A'B'C'D'$
c) Höhenlinien zur Bestimmung von $A''B''C''D''$
d) ein Paar Punkte $C'C_0$ über C^{IV} für die Anwendung der Achsenaffinität zur Bestimmung von $A_0B_0C_0D_0$.
e) Wahre Länge der Pyramidenkanten, z.B. $\overline{S''H_0}$ für Abwicklung

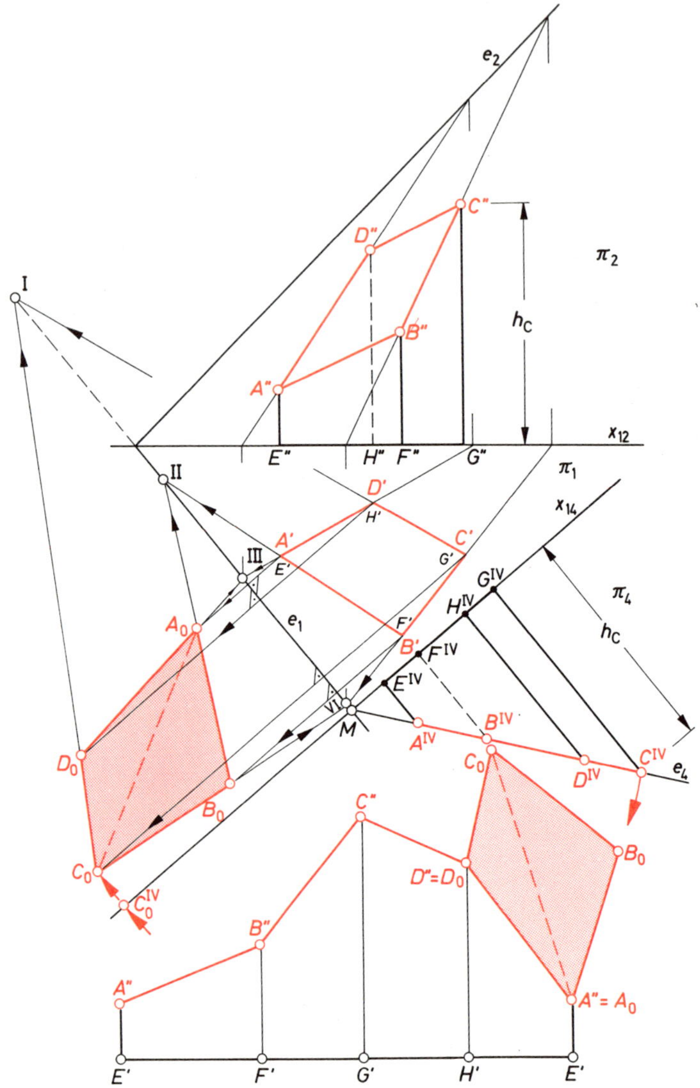

Bild 5.14 Beliebiger Schnitt am Prisma mit Abwicklung

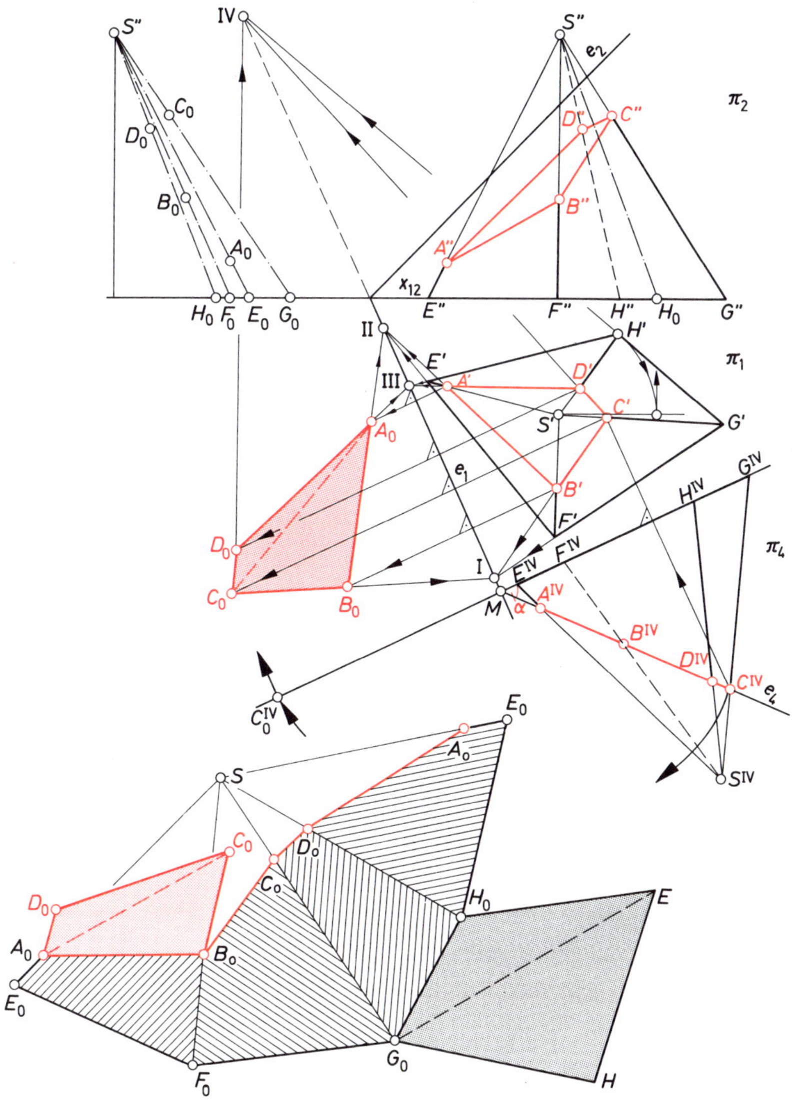

Bild 5.15 Beliebiger Schnitt an der Pyramide mit Abwicklung

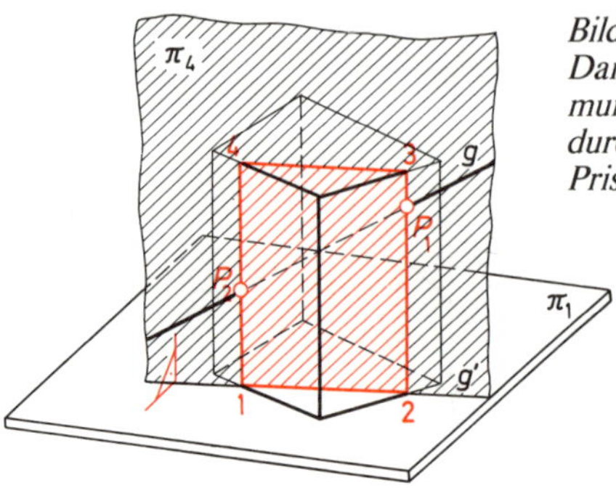

Bild 5.16 Dimetrische Darstellung der Bestimmung des Geradendurchstoßpunktes am Prisma

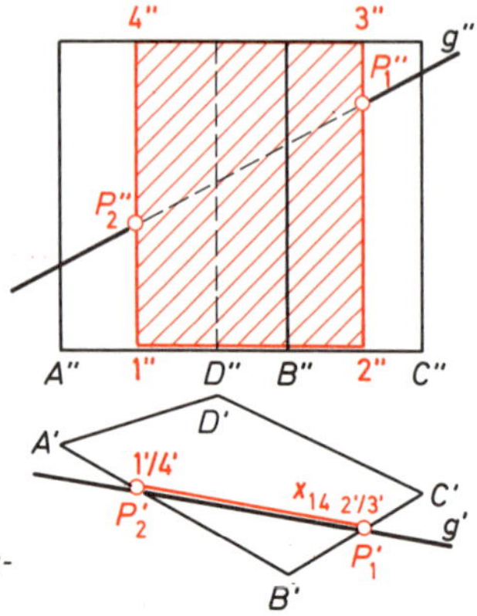

Bild 5.17 Bestimmung des Geradendurchstoßpunktes am senkrechten Prisma

5.3. Durchdringung ebenflächig begrenzter Körper

5.3.1. Gerade durchdringt Prisma

Die Durchstoßpunkte P_1 und P_2 einer Geraden g mit einem prismatischen Körper erhält man, wie in Abbildung 5.16 dargestellt, durch Errichten einer Hilfsebene durch die Gerade $g \perp \pi_1$.

Sie schneidet den Körper in einem n-Eck, dessen Begrenzungslinien die Gerade g in den Durchstoßpunkten P_1 und P_2 schneiden; ergibt sich kein Schnittpunkt, durchdringt die Gerade g den Körper nicht. In Bild 5.17 ist in Normalprojektion die konstruktive Bestimmung der Durchstoßpunkte P gezeichnet. Man legt durch g' eine Hilfsebene $\perp \pi_1$, die am vierseitigen Prisma das Viereck 1, 2, 3, 4 ausschneidet und g'' in P''_1 und P''_2 schneidet.

Die Gerade g ist **sichtbar** bis zum **Eindringen** in eine **sichtbare Fläche**, der **unsichtbare** Teil wird **gestrichelt** gezeichnet.

In Bild 5.18 ist die Bestimmung der Durchstoßpunkte P_1 und P_2 an einem schrägen Prisma, das von der Geraden g durchstoßen wird, abgebildet.

Die Hilfsebene kann auch $\perp \pi_2$ durch g'' errichtet werden.

5.3.2. Gerade durchdringt Pyramide

5.3.2.1. Hilfsebene $\perp$ auf Grundrißebene π_1

Die Durchstoßpunkte einer Geraden g mit einer Pyramide erhält man u.a., indem man **durch g eine Hilfsebene** π_4 errichtet, die **senkrecht** auf der Grundrißebene π_1 steht und auf $g' = x_{14}$ errichtet wird.

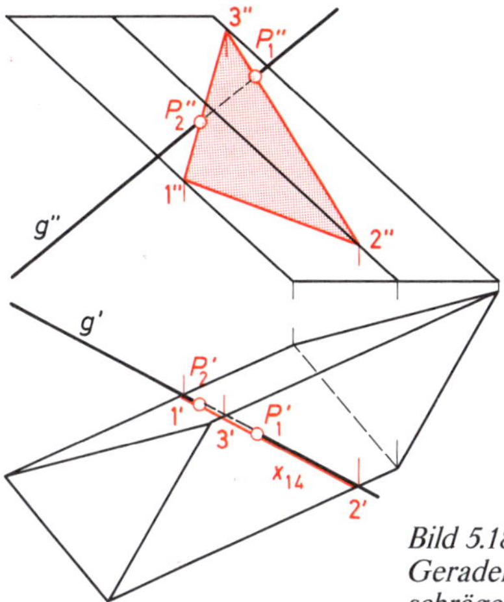

Bild 5.18 Bestimmung des Geradendurchstoßpunktes am schrägen Prisma

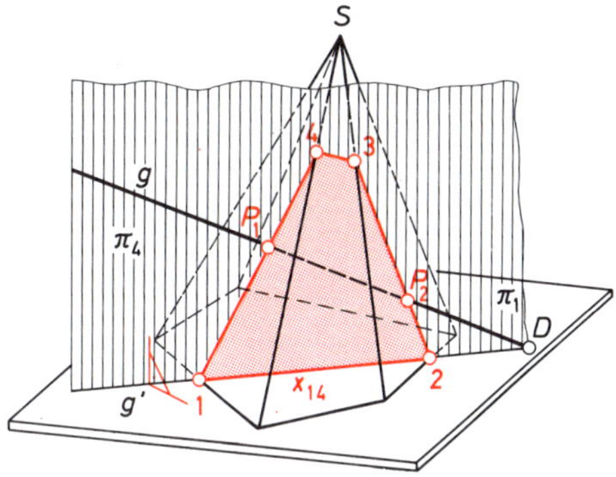

Bild 5.19 Dimetrische Darstellung der Bestimmung des Geradendurchstoßpunktes an der Pyramide

Sie schneidet an der Pyramide ein *n*-Eck aus, dessen Begrenzungslinien von der Durchdringungsgeraden in den Durchstoßpunkten P_1 und P_2 geschnitten wird, wie aus Bild 5.19 ersehen ist. Für den Fall, daß sich keine Schnittpunkte ergeben, durchstößt *g* die Pyramide nicht.

Beachte: Die Hilfsebene $\pi_4 \perp$ auf π_1 in $g' = x_{14}$ errichtet, bringt im Grundriß die Kantenschnittpunkte 1'2'3'4', die mittels Ordner auf die entsprechenden Körperlinien im Aufriß π_2 projiziert werden. Bild 5.20 zeigt die konstruktive Lösung.

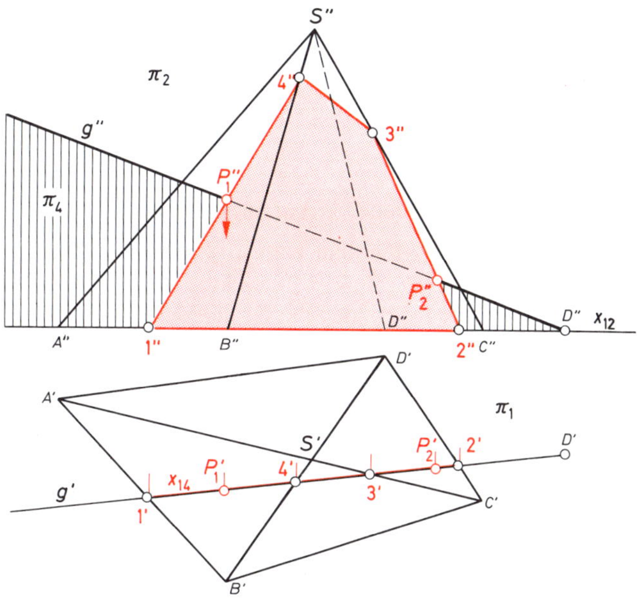

Bild 5.20 Bestimmung des Geradendurchstoßpunktes an der Pyramide

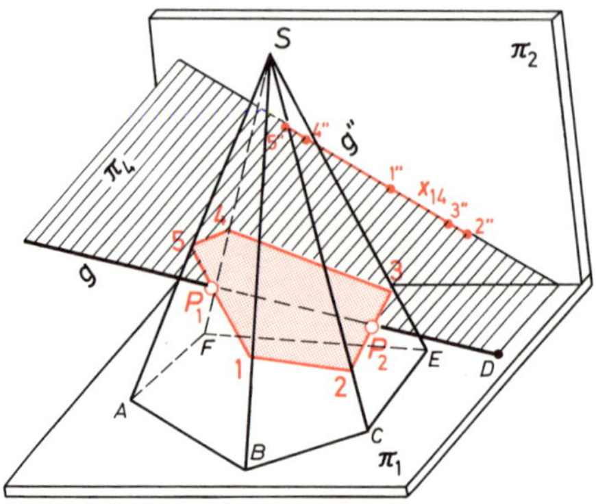

Bild 5.21 Dimetrische Darstellung der Bestimmung des Geradendurchstoßpunktes mit Hilfe einer Hilfsebene $\perp \pi_2$

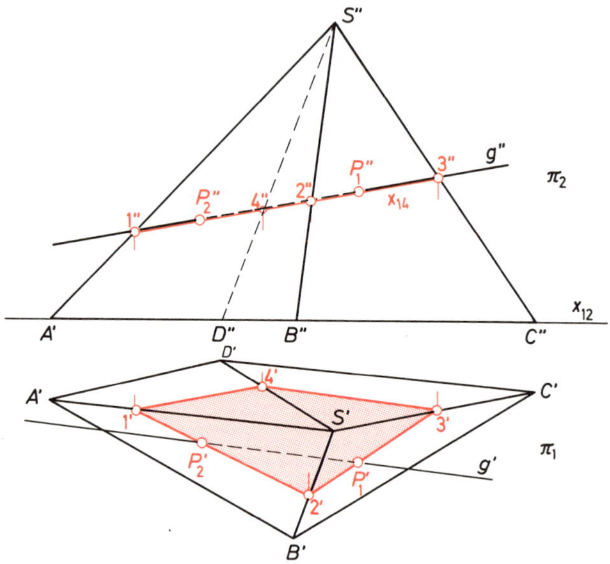

Bild 5.22 Bestimmung des Geradendurchstoßpunktes an der Pyramide mittels Hilfsebene $\perp \pi_2$

5.3.2.2. Hilfsebene $\perp$ Aufrißebene π_2

Die Hilfsebene π_4, die man zum Auffinden der Durchstoßpunkte benötigt, kann auch senkrecht auf π_2 in $g'' = x_{14}$ errichtet werden, wie Bild 5.21 und Bild 5.22 zeigt. Sie schneidet in der Pyramide eine Grundfläche kollineare Fläche aus, deren Begrenzungslinien die Gerade g in den Durchstoßpunkten P_1 und P_2 schneiden, wenn g die Pyramide durchdringt.

> Die Hilfsebene π_4 senkrecht auf π_2 bringt im Aufriß die Kantenschnittpunkte 1''2''3''4'', die mittels Ordner auf die entsprechenden Körperlinien im Grundriß projiziert werden.

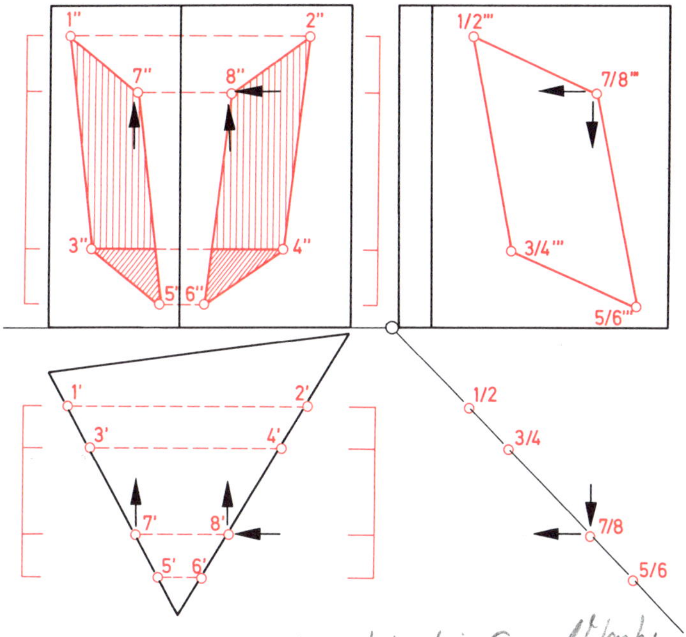

Bild 5.23 Gegenseitige Durchdringung zweier Prismen

5.3.3. Durchdringung zweier Prismen

Die **Durchdringung** zweier ebenflächig begrenzter Körper läßt sich auf die folgenden Grundaufgaben zurückführen:

a) Bestimmung der **Schnittlinie** zweier sich **schneidender Ebenen,**

b) **Durchstoßpunktbestimmung** zwischen **einer Geraden** und **einer begrenzten Ebene.**

Bei beiden Verfahren erhält man infolge der Durchdringung einen **Restkörper** mit einem **Verschneidungspolygon,** dessen Eckpunkte von den Kanten des einen Körpers in den Flächen des anderen Körpers und umgekehrt erzeugt werden.
In Bild 5.23 ist ein auf π_1 senkrecht stehendes 3seitiges Prisma gegeben, das von einem waagerecht liegenden 4seitigen Prisma durchdrungen wird.

Konstruktionstext:
Im gegebenen Fall durchdringen nur Kanten des horizontal liegenden Prismas die Seitenflächen des senkrechten Prismas. Es ist vorteilhaft, wenn die Durchstoßpunkte einzeln bestimmt werden, wobei die Festlegung der Reihenfolge eine gewisse Systematik voraussetzt.
Im Beispiel kann man Kantendurchstoßpunkte sowohl in der Seitenansicht (z.B. 1‴, 2‴ ...) als auch im Grundriß (z.B. 1′, 2′ ...) erkennen. Ihre Übertragung in die Vorderansicht = Aufriß erfolgt mittels bekannter Konstruktionsverfahren (siehe Übertragung der Punkte 7‴ bzw. 8‴ oder 7′ bzw. 8′ in den Aufriß zu 7″ und 8″). Bild 5.24 zeigt, wie sich zwei Prismen gegenseitig durchdringen.

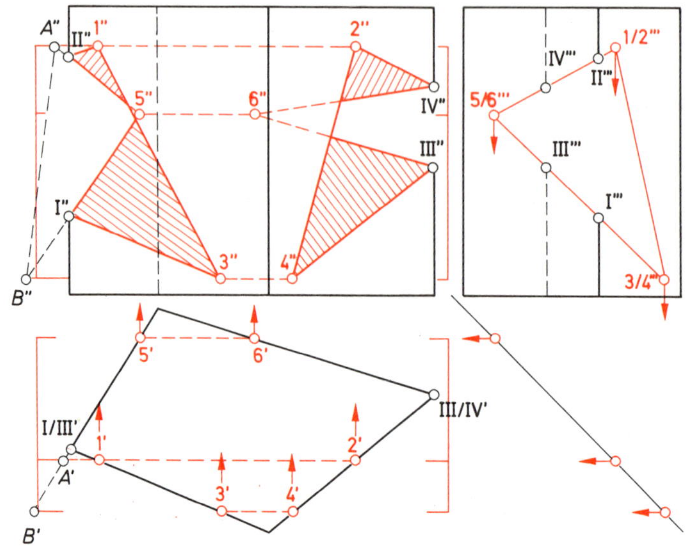

Bild 5.24 Waagerechtes Prisma durchdringt senkrechtes Prisma

Konstruktionstext:

Die Kantenlinien des 3seitigen Prismas durchdringen in den Punkten 1, 2, ... 6 die Seitenflächen des 4seitigen Prismas. Gleichzeitig durchstoßen zwei Kantenlinien des 4seitigen Prismas in den Punkten I, II, III, IV das 3seitige Prisma. Die Übertragung der Durchstoßpunkte aus Seiten- und Grundriß in den Aufriß nach bekannten Konstruktionsmethoden beginnt man am besten bei Bildpunkt 1‴ und 2‴; in der weiteren Reihenfolge im Uhrzeigersinn. Die Durchstoßpunkte der senkrechten Kantenlinien können auch **mittels Kontrollschnitten** bestimmt werden. Hierzu werden **die** Seitenflächen, in denen **eine senkrechte Kante** liegt, zu einer **begrenzten** Ebene erweitert, und dann mit dem 3seitigen Prisma zum **Schnitt** gebracht. Man erhält dann z.B. im Grundriß zusätzlich *A′* und *B′* und im Aufriß die Kontrollschnittfigur *A″*5″*B″* mit den Durchstoßpunkten I″ und II″ der senkrechten Kantenlinie.

Bei beliebiger Raumlage des Durchdringungsprismas, Bild 5.25, erhält man die gesuchten Durchstoßpunkte, indem man über den Grundrißprojektionen der Prismenseiten des beliebig liegenden Prismas, z.B. $\overline{3'4'} = x_{14}$, eine auf dem Grundriß senkrecht stehende Hilfsebene π_4 errichtet, die von den entsprechenden Aufrißprojektionen der senkrechten Prismenseiten in den Durchstoßpunkten, z.B. in 3″ und 4″, geschnitten werden.

Die Durchstoßpunkte der senkrechten Kantenlinien erhält man durch eine Hilfsebene π_5 senkrecht auf $\overline{F'G'} = x_{15}$. Dieser Schnitt ergibt im Grundriß z.B. *B′* mit der Prismenseite *Q′*. Die Schnittfigur *B″*4″2″ schneidet die senkrechte Kante über *F″* in I″ und II″, den beiden gesuchten Kantendurchstoßpunkten. Als Kontrollschnitt kann noch eine Hilfsebene π_6 über *E′F′* errichtet werden.

Bild 5.25 Waagerechtes Prisma durchdringt Pyramide

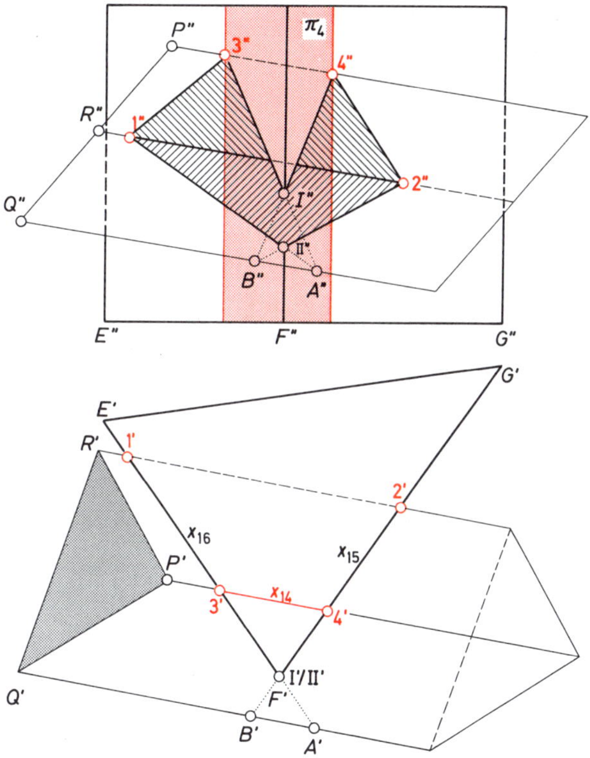

5.3.4. Durchdringung von Pyramide und Prisma

Die in Bild 5.26 gegebene Durchdringung wird auch wieder auf eine Grundaufgabe zurückgeführt, d.h., man bestimmt einzeln die Durchstoßpunkte der Kanten des einen Körpers mit den Seitenflächen des anderen Körpers und umgekehrt; im vorliegenden Fall geht man davon aus, daß das 4seitige Prisma durch die Pyramide geschoben wird und stellt den dadurch entstehenden Restkörper zeichnerisch in Grund- und Aufriß dar. Die Durchstoßpunkte 1, 2, 3 und 4 erhält man, indem man über $\overline{1''3''}$ einen Hilfsschnitt errichtet, der senkrecht auf π_3 steht. Er schneidet die Pyramidenkanten $\overline{S'''A'''}$ bzw. $\overline{S'''C'''}$ in P''' und Q''' sowie die Seiten $\overline{D'''A'''}$ und $\overline{D'''C'''}$ der Pyramidengrundfläche in R''' und T'''. Die an der Pyramide entstehende Schnittfläche $P'''Q'''R'''T'''$ wird von den beiden Prismenseiten in den gesuchten Durchstoßpunkten 1‴, 2‴, 3‴ und 4‴ geschnitten. Zur Bestimmung der Durchstoßpunkte in den Bildebenen π_1 und π_2 muß dort die Schnittfläche $P'Q'R'T'$ bzw. $P''Q''R''T''$ konstruiert werden. Die Durchstoßpunkte I, II, III, IV, V und VI der Pyramidenkanten $\overline{SA}$, $\overline{SC}$ und $\overline{SB}$ mit den Prismenseiten sind im Seitenriß schon gegeben und müssen nur noch in die Bildebenen π_1 und π_2 übertragen werden.

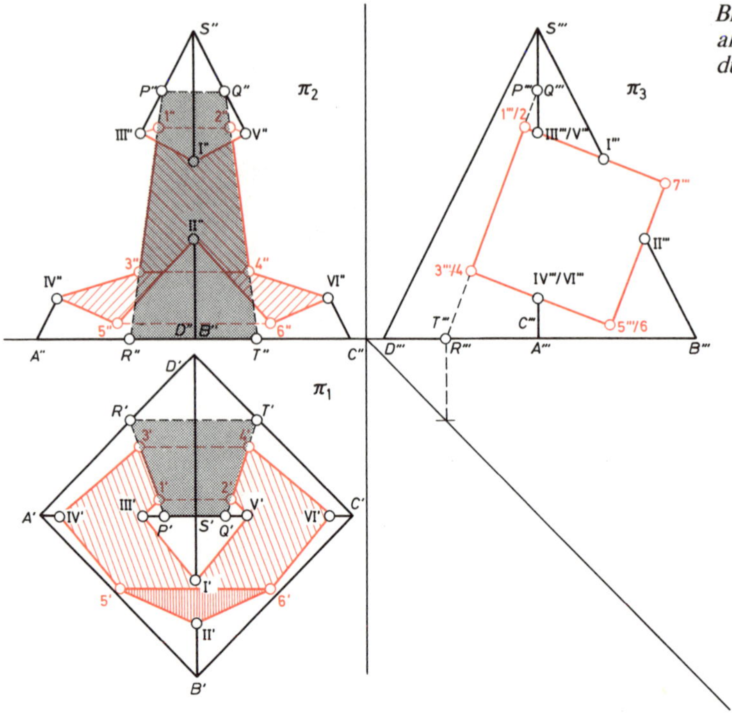

Bild 5.26 Prisma in allgemeiner Lage durchdringt Pyramide

Bei allgemeiner Lage des Durchdringungsprismas mit den Kanten *DEF*, Bild 5.27, ist es sinnvoll, mit der Einführung einer neuen Rißebene, der Seitenrißebene π_3, zu arbeiten. Sie steht senkrecht auf π_1. Die Schnittlinie der Bildebenen π_1 und $\pi_3 = x_{13}$ wird senkrecht zu den Prismenkanten $D'E'F'$ gewählt, sie erscheinen im Seitenriß als Punkte D''', E''' und F'''. Dadurch wird die Aufgabe wieder auf eine Grundaufgabe zurückgeführt, deren Lösung schrittweise entsprechend einer gegebenen Durchdringung mit spezieller Raumlage des Durchdringungsprismas durchgeführt werden kann. (In der Seitenansicht ergeben sich die Durchstoßpunkte der Pyramidenkanten mit den Prismenseiten. Prismenkante $\overline{SB}$ durchstößt in I und II das Prisma, Pyramidenkante $\overline{SA}$ durchstößt in III und IV das Prisma.)
Die Durchstoßpunkte der Prismenkanten *D* und *E* lassen sich mit einem Hilfsschnitt, der auf $\overline{D'''E'''}$ errichtet wird und senkrecht auf π_3 steht, ermitteln. Er schneidet die Pyramidenkanten $\overline{S'''C'''}$ in P''' und $\overline{S'''A'''}$ in III''', die Pyramidengrundflächenseite $\overline{A'''B'''}$ in Q''', desgleichen $\overline{B'''C'''}$ in R'''. Die so entstandene Schnittfläche $P'''Q'''R'''$III''' wird in die anderen Bildebenen übertragen und mit den Prismenkanten *E* bzw. *D* zum Schnitt gebracht.

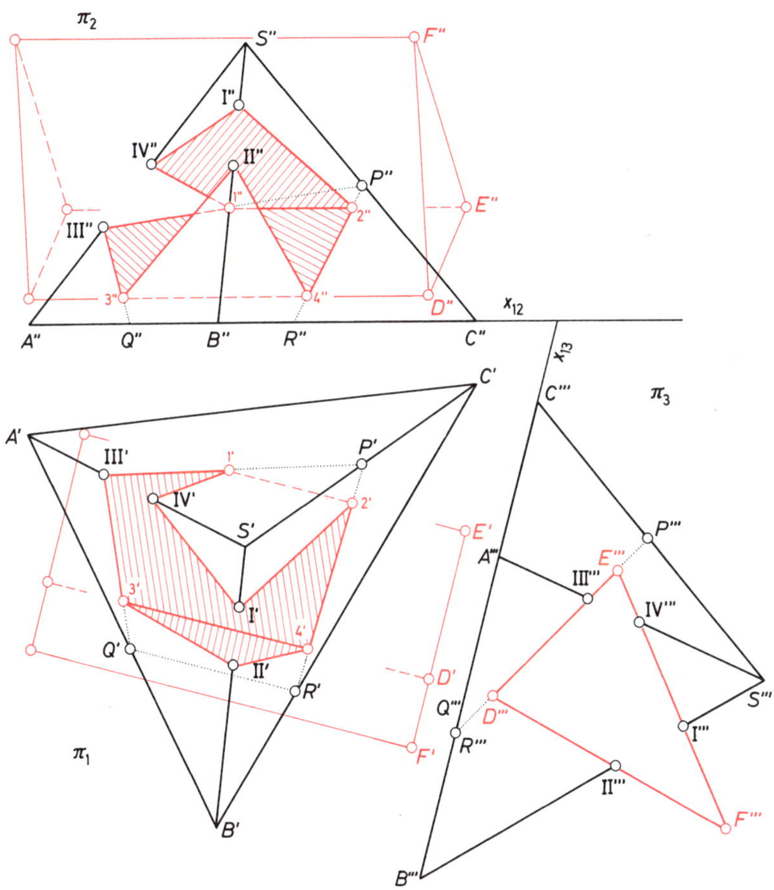

Bild 5.27 Kanten- bzw. Flächennetz für Durchdringungspolygon

Zum Aufzeichnen des Durchdringungspolygons müssen die Durchstoßpunkte miteinander verbunden werden. Zur Erleichterung kann ein Liniennetz, Bild 5.28, dienen. In ihm werden die Kanten und Seitenflächen der beiden Körper schematisch, aber vollständig aufgezeichnet. Die konstruierten Punkte werden auf den entsprechenden Kanten in den zugeordneten Schemaseitenflächen (z.B. Kante *E* durchstößt Pyramidenseite △ *BSC* in Punkt 2 und △ *CSA* in Punkt 1) eingetragen. Eine Kante tritt als Grenzlinie doppelt auf, z.B. *A* und *E*.
Sind sämtliche Bildpunkte in das Schema eingezeichnet, werden sie in der Weise miteinander verbunden, daß keine Verbindungslinie eine Linie des Liniennetzes kreuzt.

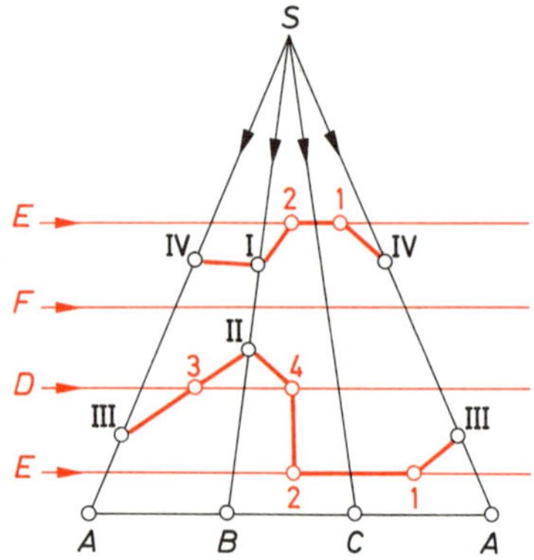

Bild 5.28 Beliebig liegendes Prisma durchdringt senkrecht stehendes Prisma

5.3.5. Durchdringung zweier Pyramiden

Die Durchdringung zweier Pyramiden kann man auf die Grundaufgaben, eine Gerade allgemeiner Lage durchstößt eine Pyramide, zurückführen. Eine bessere Konstruktionsmöglichkeit bietet sich aber, wie in Bild 5.29 dargestellt ist, mit dem Pendeln von Hilfs-

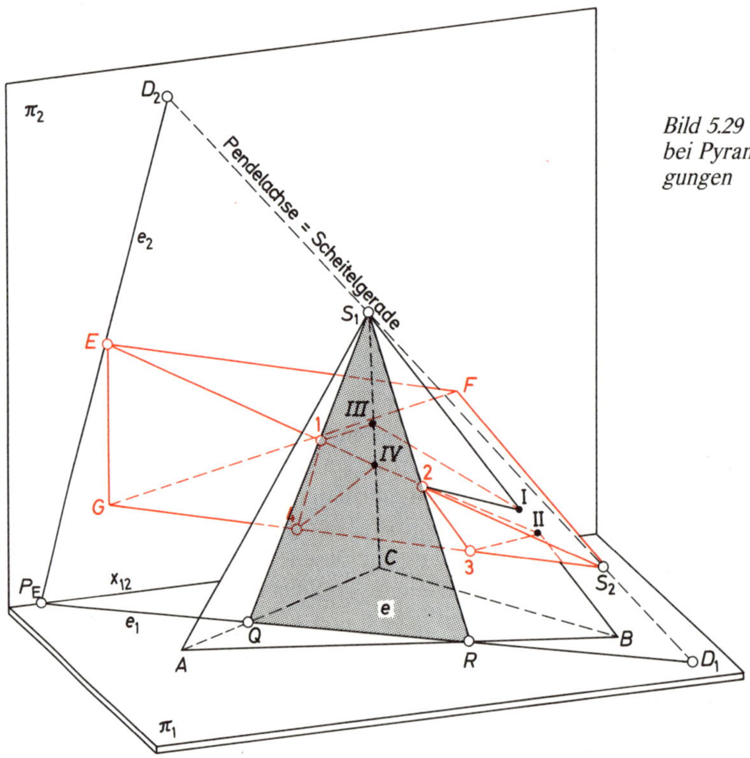

Bild 5.29 Pendelverfahren bei Pyramidendurchdringungen

ebenen um eine Pendelachse = Scheitelgerade = $\overline{S_1S_2}$ an. Die Grundfläche △ ABC der einen Pyramide liegt in π_1. Die Verlängerung von $\overline{S_1S_2}$ liefert in der Grundrißebene π_1 den Durchstoßpunkt D_1. In der Bildebene π_2 erhält man den Durchstoßpunkt D_2. Die Grundfläche △ EFG der anderen Pyramide liegt in π_2. Die Spuren aller Hilfsebenen, die man um die Achse $\overline{D_1D_2}$ pendelt, schneiden π_1 in e_1 und π_2 in e_2. Legt man z.B. durch die Pyramidenkanten $\overline{ES_2}$ eine solche Hilfsebene, indem man die Ecke E und D_2 verbindet, bis zum Schnitt mit x_{12} in P_E verlängert und mit D_1 verbindet, dann schneidet e_1 △ ABC in Q und R. Die Verbindungslinie $\overline{QS_1}$ liefert mit der Pyramidenkante $\overline{ES_2}$ den Schnittpunkt 1, desgleichen $\overline{RS_1}$ den Schnittpunkt 2.

Mittels der Spuren e_1 und e_2 von Hilfsebenen durch die Pendelachse und Pyramidenkanten erhält man Pyramidenschnittflächen, die von den jeweiligen Pyramidenkanten in den Durchstoßpunkten geschnitten werden, z.B. Kante $\overline{ES}$ ergibt Durchstoßpunkt 1 und 2, Kante $\overline{GS}$ ergibt Durchstoßpunkt 3 und 4.

5.3.6. Aufgaben

1. Gegeben ist eine 5seitige Pyramide, die von einem 3seitigen Prisma, das senkrecht auf π_1 steht, durchdrungen wird.

Gesucht: a) Durchstoßpunkte, die von den Prismenkanten in der Pyramide erzeugt werden.

b) Durchstoßpunkte, die von den Pyramidenkanten am Prisma entstehen.

c) Wie sieht der Pyramidenrestkörper aus?

Lösung: Bild 5.30

Konstruktionstext:

1. Sämtliche Pyramidendurchstoßpunkte I, II, III, IV und V mit dem Prisma sind im Grundriß erkennbar. Sie werden mittels Ordner in den Aufriß übertragen.
2. Die Durchstoßpunkte der Prismenkanten mit der Pyramide ergeben sich z.B. durch Schnitt der Prismenkanten (H', F') mit den Schnittlinien $\overline{R'\,V'}$, $\overline{I'\,Q'}$, die sich infolge von Hilfsschnitten in Richtung der Prismenflächen ($F'\ H'$ bzw. $G'\ F'$ und $G'\ H'$) ergeben.
3. Das Durchdringungspolygon wird schematisch entsprechend Bild 5.31 ermittelt.

Aufgabe 2: Zwei gegebene vierseitige Pyramiden durchdringen sich in der dargestellten Weise.

Gesucht: Restkörper der Pyramide S_2, A, B, C, D.

Lösung: Bild 5.32

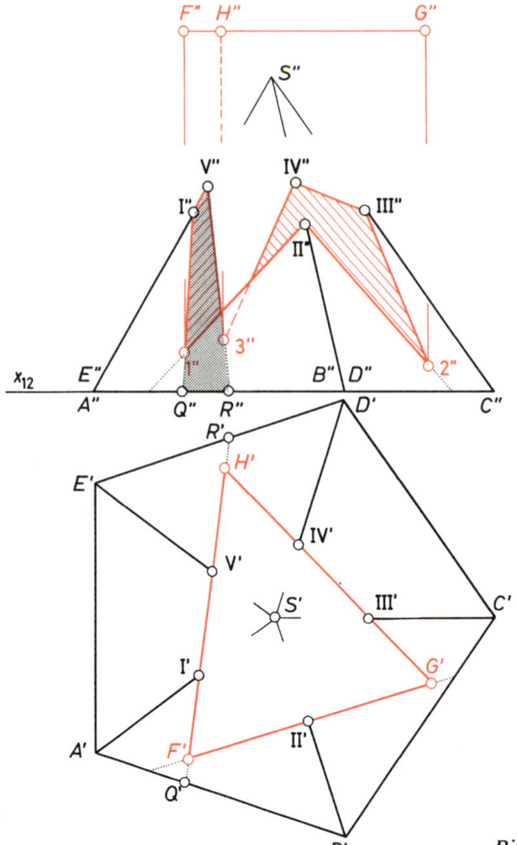

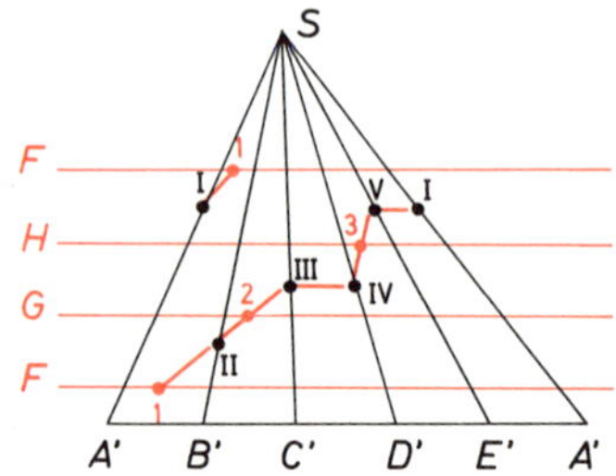

Bild 5.31 Schemabild

Bild 5.30 Prisma durchdringt Pyramide

Konstruktionstext:

Bei dieser Art von Aufgabe müssen zuerst die beiden Durchstoßpunkte der Pendelachse D_1 und D_2 konstruiert werden. Das Aufsuchen von D_1 in π_1 ist bekannt. Zwecks Bestimmung von D_2 muß durch die Pyramidengrundfläche *EFGK* die Ebene *e* gelegt werden, indem man z.B. mit Hilfe einer Höhenlinie durch K'' und K' den Spurpunkt V_1'' der Höhenlinie bestimmt. Die Spurpunkte V_2'' und H' der verlängerten Pyramidenseite *KG* reichen für die Bestimmung der Spuren e_1 und e_2 aus.

Ein senkrechter Hilfsschnitt am beliebigen Punkt M' an e_1 ergibt, nachdem in M' der Neigungswinkel α angetragen wird, den Durchstoßpunkt D_2''' mit der verlängerten Pendelachse $\overline{S_2'''S_1'''}$, deren Verlauf bestimmt ist durch den senkrechten Abstand h_{s1} und h_{s2} der Pyramidenspitze S_1 und S_2 von x_{12} bzw. π_1. Der gefundene Durchstoßpunkt D_2''' wird in die einzelnen Bildebenen übertragen, d.h. mit den Bildern der Pendelachse zum Schnitt gebracht.

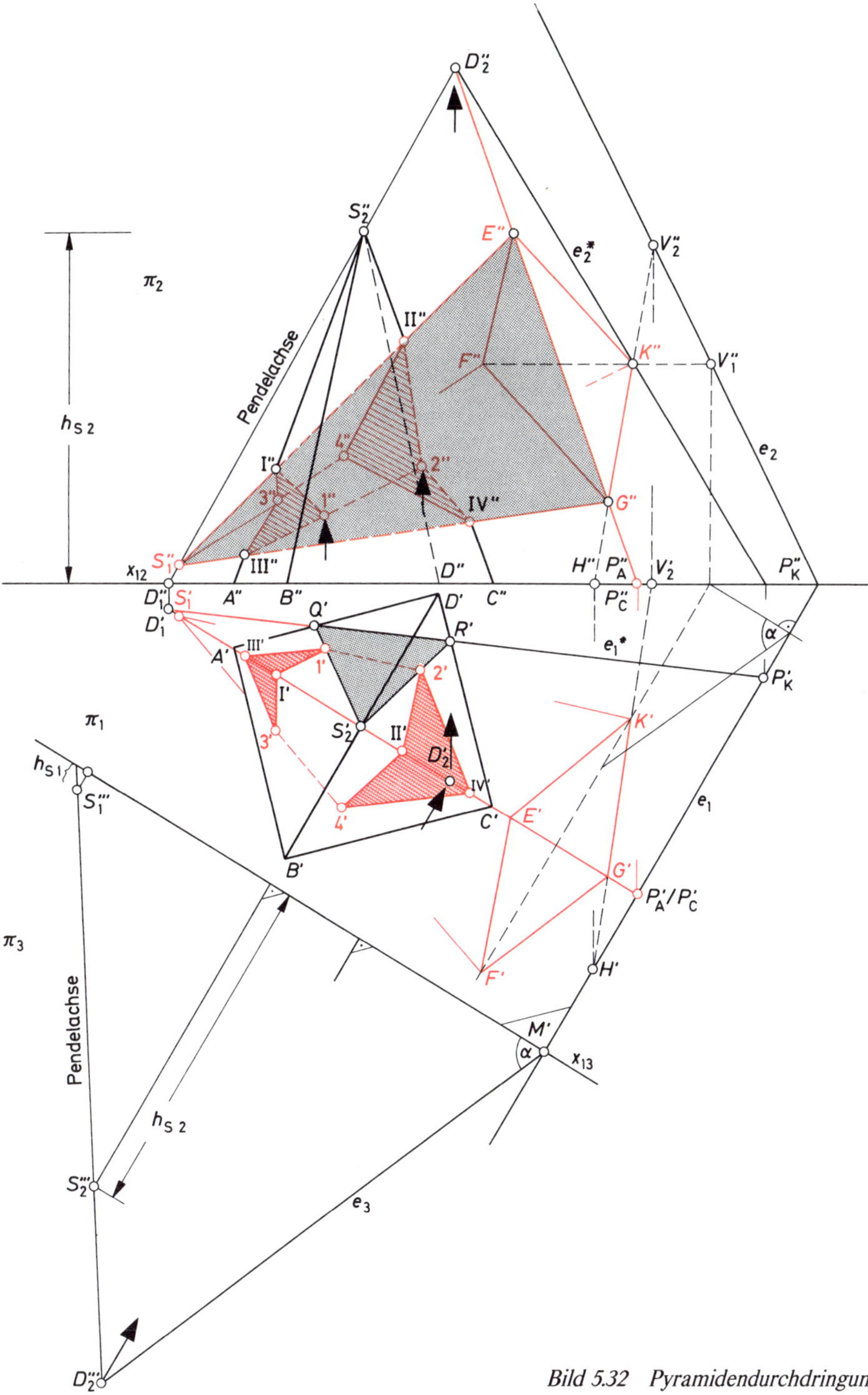

Bild 5.32 Pyramidendurchdringung

Das Auffinden der Durchstoßpunkte geschieht durch Legen von Hilfsebenen durch weitere Pyramidenkanten und Bestimmung ihrer Spuren in beiden Bildebenen. Man verbindet, z.B. den Eckpunkt K'' mit D_2'' und verlängert bis zum Schnitt mit x_{12} in P_k''. Das Lot in P_k'' ergibt den Schnittpunkt P_k' mit e_1.
Die Verbindungslinie $\overline{P_k' D_1'} = e_1^*$ schneidet die Grundfläche $A'\,B'\,C'\,D'$ der Pyramide in Q' und R', die mit S_2' verbunden werden und $\overline{S_1'\,K'}$ in 1′ und 2′, den gesuchten Durchstoßpunkten, schneiden. Sie werden mit Ordnern in den Aufriß übertragen. Ähnlich verfährt man mit der Kante $\overline{S_1F}$, $\overline{S_1E}$ und $\overline{S_1G}$ der schräg liegenden Pyramide.
Die Durchstoßpunkte der Pyramidenkante $\overline{S_2A}$ und $\overline{S_2C}$ bestimmt man auch punktweise, indem man durch A' und C' eine Hilfsebene legt, die e_1 in P_A' bzw. P_C' schneidet. Diese Spurpunkte werden senkrecht auf x_{12} übertragen und mit D_2'' verbunden. $\overline{P_A''\,D_2''}$ schneidet die schrägliegende Pyramide in E'' und G'', die mit S_1'' verbunden die Kante $\overline{S_2''A''}$ in I″ und III″ sowie die Kanten $\overline{S_2''C''}$ in II″ und IV″ schneiden.
Die Pyramidenkanten $\overline{S_2B}$ und $\overline{S_2D}$ haben keine Durchstoßpunkte (Kontrolle!).
Zum leichteren Auffinden des Durchdringungspolygons dient das **Schaubild** 5.33.

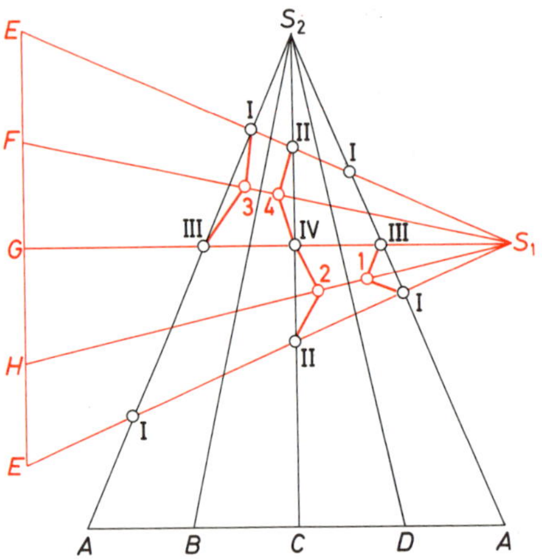

Bild 5.33 Schemabild

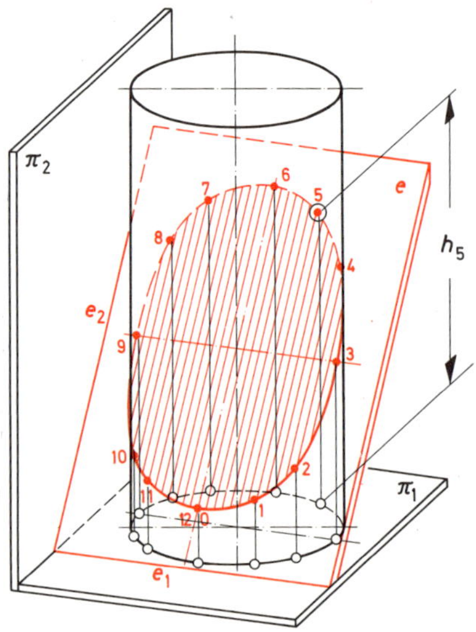

Bild 6.1 Dimetrische Darstellung des schrägen Zylinderschnittes

6. Ebener Schnitt und Abwicklung zylindrischer Körper

6.1. Ebener schräger Schnitt am Zylinder

In Bild 6.1 ist dargestellt, wie **beliebig viele,** auf dem Mantelumfang des zylindrischen Drehkörpers **gleich**- oder **ungleichmäßig** angeordnete **Mantellinien** von einer schrägen Schnittebene e geschnitten werden. Die dabei entstehenden Schnittpunkte, auch **Mantelliniendurchstoßpunkte** genannt, ergeben, wenn man sie zu einer Schnittkurve verbindet, eine **Ellipse,** wobei die Schnittebene e senkrecht auf π_2 steht. In **Bild 6.2** ist ersichtlich, daß die Grundrißprojektion der Ellipse ein Kreis ist mit dem Durchmesser $D = \overline{9'3'}$ bzw. $= \overline{0'6'}$. Die Schnittfigur im Aufriß fällt in die Spurlinie e_2.

> Die Durchstoßpunkte beliebiger Mantellinien in π_1 und π_2 ergeben in π_3 die Schnittkurve am Zylinder = Ellipse, wenn Schnittebene $e \perp \pi_2$.

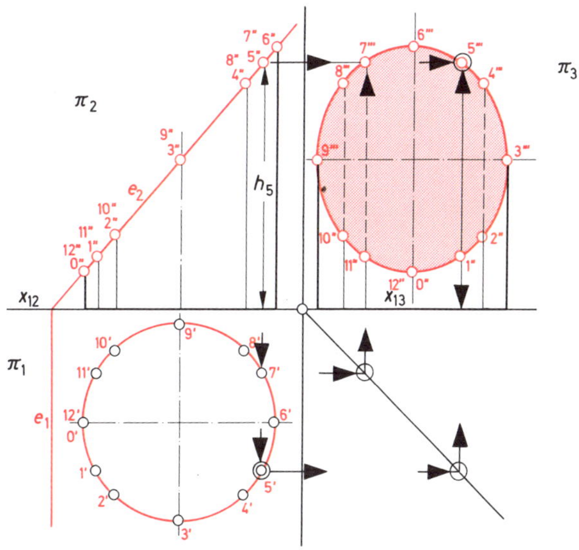

Bild 6.2 Schräger Zylinderschnitt

Aufgabe:

Gegeben: Vorderansicht und Draufsicht eines zylindrischen Drehkörpers, der senkrecht auf π_1 steht und in der dargestellten Weise von mehreren Ebenen geschnitten wird.

Gesucht: Wie sieht der Körper in der Seitenansicht aus?

Lösung: Bild 6.3
Auf den Mantelumfang werden gleichmäßig 8 Mantellinien verteilt. Sie durchstoßen die rote Ebene e in 8 Punkten. Es ist sinnvoll, die Mantellinie 4 bis zum Schnitt mit e_2 in 4″ zu verlängern. Die Ebene e^* wird in 5 Punkten durchstoßen. Die so gefundenen Durchstoßpunkte in den Ebenenspuren werden punktweise nach π_3 übertragen und zu den gesuchten Schnittpunkten verbunden.

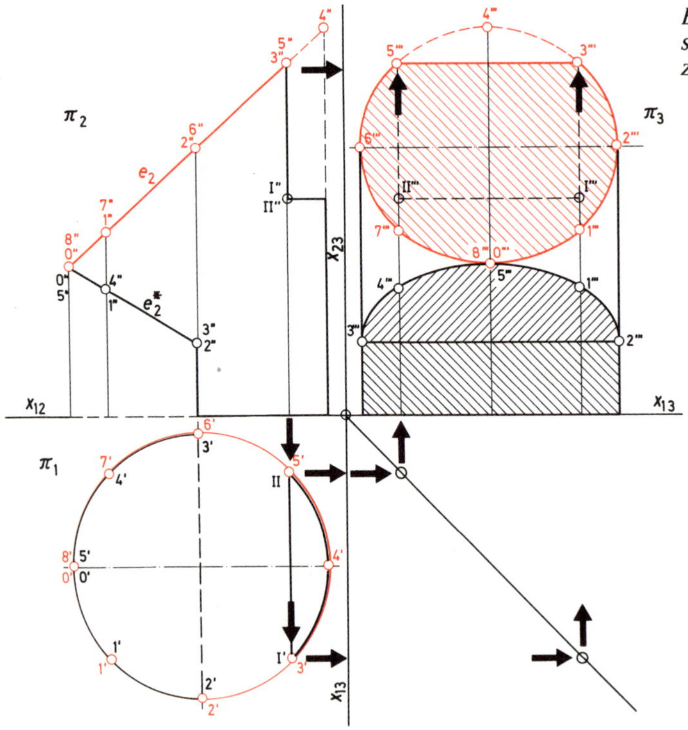

Bild 6.3 Mehrfach schräg geschnittener zylindrischer Drehkörper

Bild 6.4 Wahre Schnittflächenbestimmung mittels Achsenaffinität

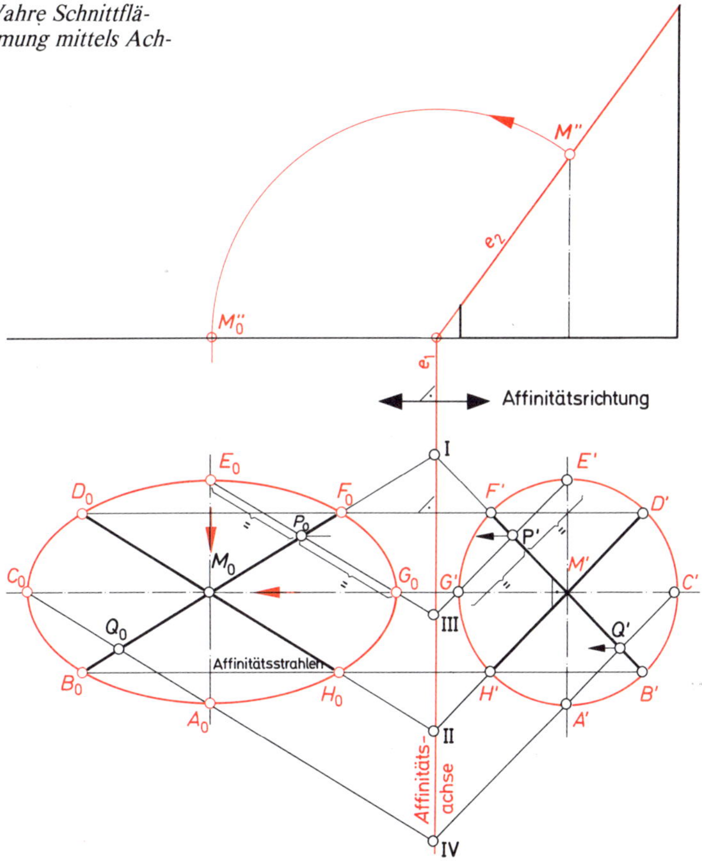

6.2. Bestimmung der wahren Größe der Schnittfigur

6.2.1. Wahre Größe der Schnittfigur mittels Achsenaffinität

Bild 6.4 zeigt die **Affinität zwischen Kreis** und **Schnittfigur Ellipse** (Grundrißspur e_1 = Affinitätsachse, die Mittelpunkte M_0 und M' zugeordnetes Punktpaar).
Aus einem beliebigen Paar aufeinander senkrecht stehender Durchmesser des Kreises, z.B. $\overline{F'B'}$ und $\overline{H'D'}$, wird bei affiner Abbildung ein Paar Ellipsendurchmesser $\overline{F_0B_0}$ und $\overline{H_0D_0}$, die **nicht mehr aufeinander senkrecht** stehen und als **konjungierte Durchmesser** bezeichnet werden.
Jede beliebige Sehne im Kreis, parallel zu $\overline{H'D'}$, z.B. $\overline{G'E'}$, $\overline{A'C'}$, ergibt in der Ellipse wieder eine parallele Sehne $\overline{G_0E_0}$, $\overline{A_0C_0}$. Beide Sehnen werden durch die Durchmesser $\overline{F'B'}$ und $\overline{F_0B_0}$ halbiert.

Halbiert ein **Ellipsendurchmesser** alle Sehnen, die zum anderen Ellipsendurchmesser **parallel** sind, so sind die **beiden** Ellipsendurchmesser **einander zugeordnet** oder **konjugiert.**

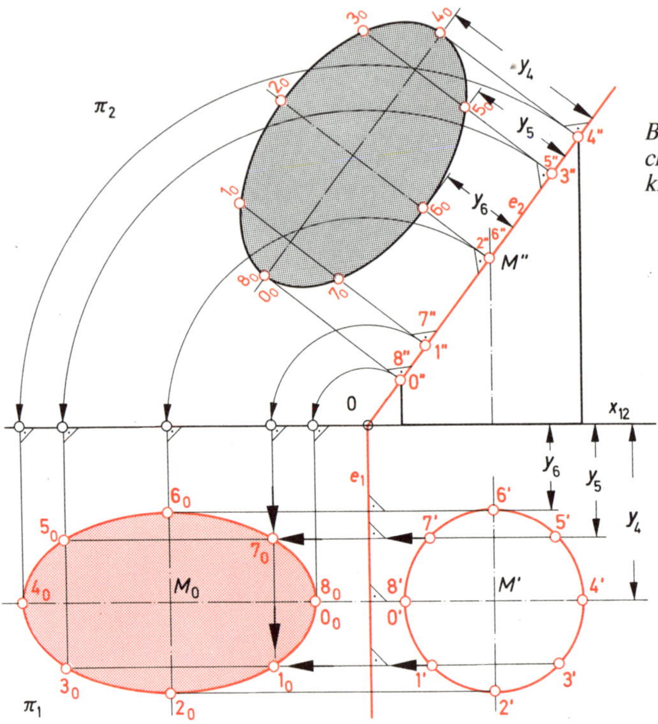

Bild 6.5 Wahre Schnittflächenbestimmung mittels Umklappen

6.2.2. Bestimmung der wahren Größe der Schnittfigur mittels Umklappen, Bild 6.5

Beim Umklappen der Schnittfigur (rote Ellipse) werden die Manteldurchstoßpunkte im Aufriß mittels Kreisbögen um 0, dem Schnittpunkt der Spuren e_1 und e_2, in den verlängerten Grundriß geklappt, hierauf die Lote errichtet und mit den entsprechenden Verbindungslinien durch die Grundrißprojektionen der Durchstoßpunkte, z.B. 7″, zum Schnitt gebracht. Klappt man die Schnittfigur in den Aufriß, werden in den Aufrißdurchstoßpunkten auf e_2, z.B. in 5″, Lote errichtet und auf ihnen der senkrechte Abstand der Grundrißdurchstoßpunkte von der Aufrißebene π_2, d.h. der Achse x_{12} abgetragen.
Im Beispiel beträgt dieser Abstand für den Bildpunkt $5' = y_5$. In beiden Fällen wird die Konstruktion punktweise vollzogen und die gefundenen Punkte mittels Linienzug zur wahren Größe der Ellipse vervollständigt.

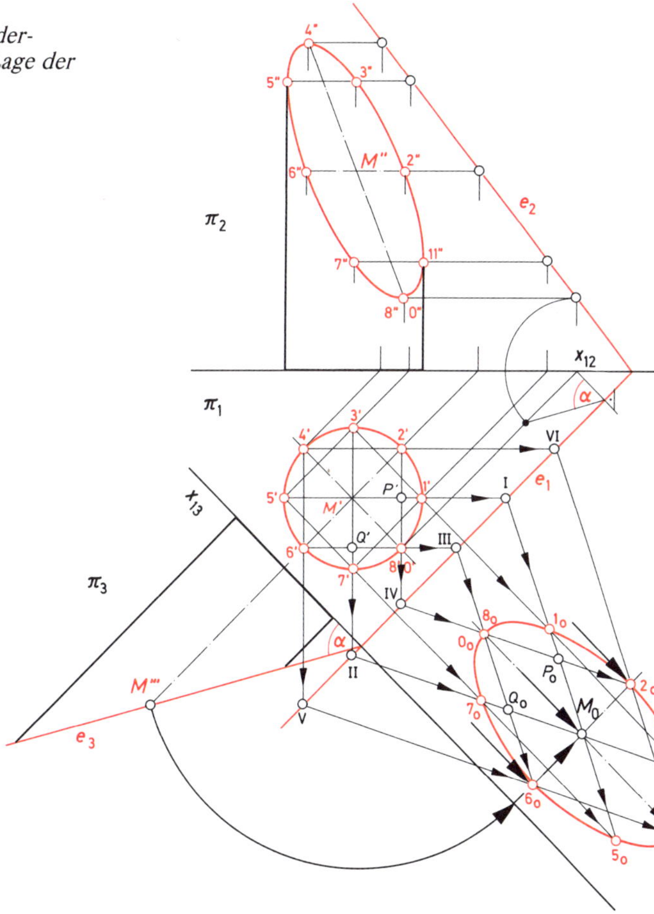

Bild 6.6 Ebener Zylinderschnitt mit beliebiger Lage der Schnittebene

6.2.3. Ebener Schnitt, Schnittebene beliebig

Das Bild 6.6 zeigt einen beliebigen ebenen zylindrischen Schnitt, bei dem die Spuren e_1 und e_2 sowie die Grundrißprojektion des zylindrischen Drehkörpers gegeben sind. Mittelpunkt der Grundrißprojektion ist M'.

Die in π_2 entstehende Ellipse erhält man, indem man durch eine beliebige Anzahl von Durchstoßpunkten im Grundriß π_1 Höhenlinien, Parallelen zu e_1, legt und die entsprechenden Bildpunkte in π_2 mittels Ordnerlinien markiert. Es ist sinnvoll, zu den beiden aufeinander senkrecht stehenden Durchmessern $\overline{4'8'}$ und $\overline{6'2'}$ im Aufriß die konjungierten Durchmesser mit dem höchsten (4″) und dem tiefsten (8″) Punkt zu bestimmen.

Für die Bestimmung der wahren Größe der Schnittkurve wird die Achsenaffinität mit e_1 als Affinitätsachse und $M'M_0$ als zugeordnetes Punktepaar angewandt.

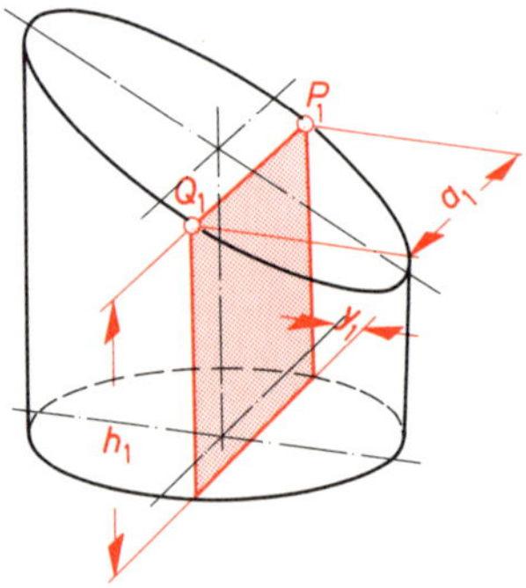

Bild 6.7 Dimetrische Darstellung der Schnittkurvenkonstruktion mittels Hilfsschnitten

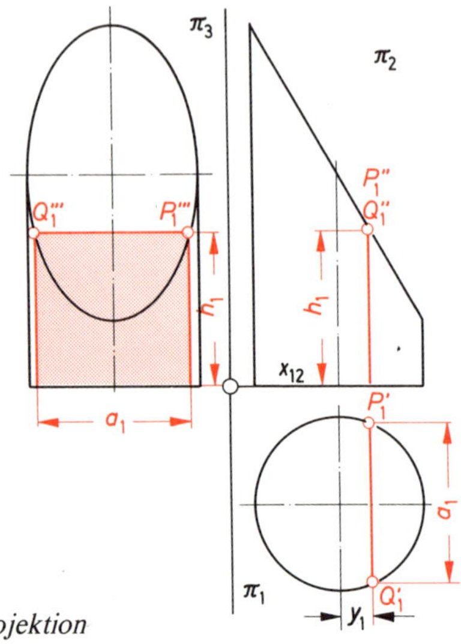

Bild 6.8 Schnittkurvenkonstruktion mittels Hilfsschnitten parallel π_3 in Normalprojektion

6.3. Schnittkurvenkonstruktionen am zylindrischen Drehkörper

6.3.1. Hilfsschnitte parallel zur Seitenrißebene

Bild 6.7 zeigt eine einfache Konstruktion der Schnittkurve, man errichtet im Abstand y_n von der Mittelachse des Kreises eine Anzahl Hilfsschnitte. Senkrechte Schnitte, die parallel zu einer Bildebene, z.B. parallel π_3 und $\perp \pi_1$ durchgeführt werden, ergeben am Zylinder als Schnittpolygon ein Rechteck mit den Seiten a_n und h_n. Die Verbindung aller Eckpunkte Q_n und P_n liefert die Schnittkurve. In **Bild 6.8** ist die Konstruktion in Normalprojektion abgebildet.

Sie wird in der Praxis vielfach angewandt, da der Umfang des im Grundriß liegenden Kreises nicht umständlich mit dem Zirkel in eine Anzahl Teile eingeteilt werden muß.

Für grobe Konstruktionen genügt auch das Aufzeichnen der **kleinen Ellipsenachse** = Durchmesser des Kreises sowie die Bestimmung des **höchsten** und **tiefsten** Ellipsenpunktes, man bestimmt die **4 Scheitelpunkte** der Ellipse.

6.3.2. Hilfsschnitte parallel zur Grundrißebene

Die Hilfsschnitte parallel zur Grundrißebene, Bild 6.9 und 6.10, also rechtwinklig zur Längsachse des zylindrischen Drehkörpers, ergeben Kreisflächen mit **fehlendem Kreisabschnitt.** Die Eckpunkte P_n und Q_n der sich ändernden Sehne sind Kurvenpunkte. In den Grenzlagen h_{min} und h_{max} wird die Sehne $P_nQ_n = 0$.

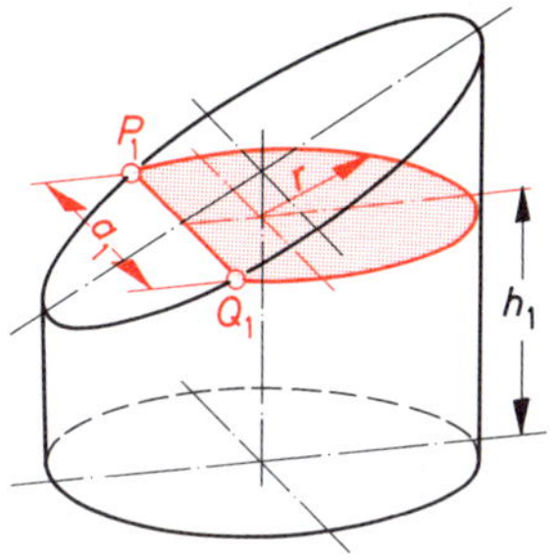

Bild 6.9 Dimetrische Darstellung der Schnittkurvenkonstruktion mittels Hilfsschnitten parallel π_1

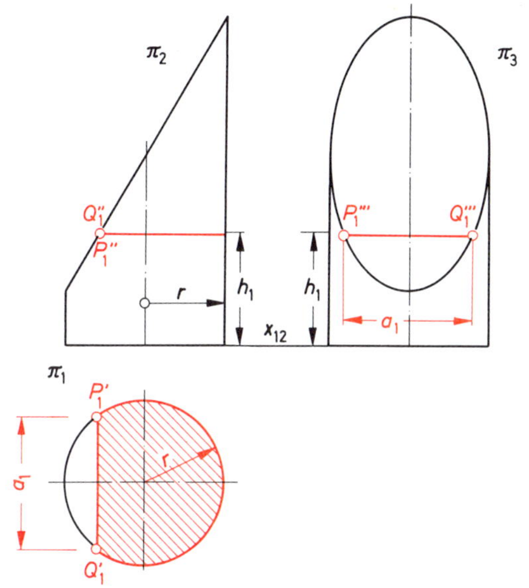

Bild 6.10 Schnittkurvenkonstruktion mittels Hilfsschnitten parallel π_1 in Normalprojektion

6.4. Abwicklung zylindrischer Drehkörper

6.4.1. Senkrechter zylindrischer Drehkörper

Einen zylindrischen Drehkörper **abwickeln** heißt, seine **Mantelfläche, Grundfläche** und die **wahre Größe der Schnittfläche flächentreu** abzubilden. Man schneidet den Körper entlang einer Mantellinie auf, trennt die Grundfläche und Deckfläche ab und rollt die Mantelfläche in der Zeichenebene aus. In Bild 6.11 ist dargestellt, wie man zeichnerisch die Abwicklung erhält. Der Grundkreis wird durch ein ***n*-Eck** ersetzt, an dessen **Eck-Punkten** Mantellinien eingezeichnet werden, deren Höhen, z.B. h_4 in die Abwicklung übertragen werden.

> Bei $n = 12$ wird der **Unterschied** zwischen **Bogenlänge** und **Sehne** unwesentlich **klein,** so daß die Sehnenlänge 12mal auf einem freien Strahl von 0 bis 12 aus abgetragen werden kann.

Bei beliebiger Lage der Schnittebene wird nach derselben Konstruktionsmethode verfahren. Die Höhenbestimmung erfolgt mit Höhenlinien.

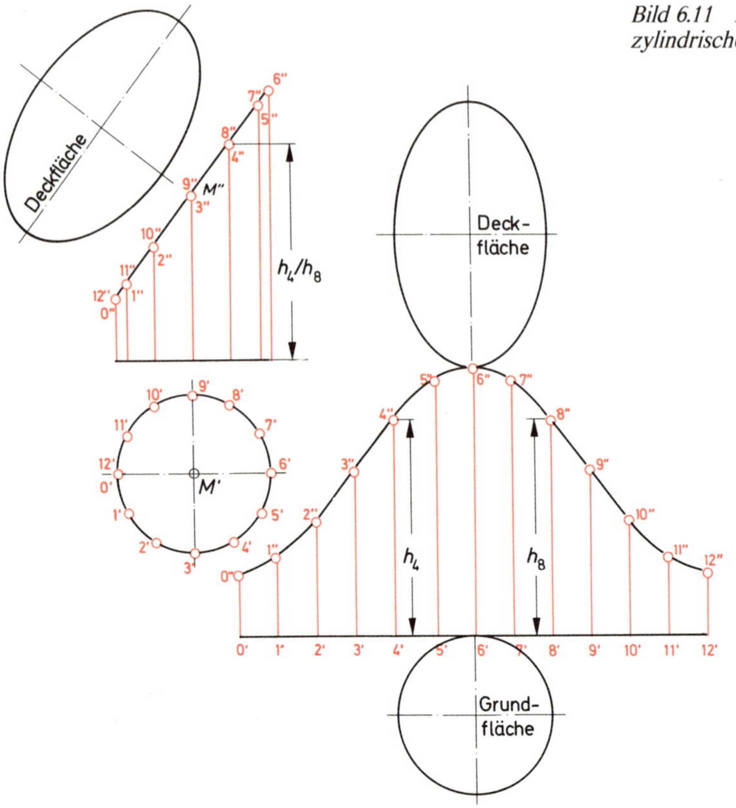

Bild 6.11 Abwicklung eines zylindrischen Drehkörpers

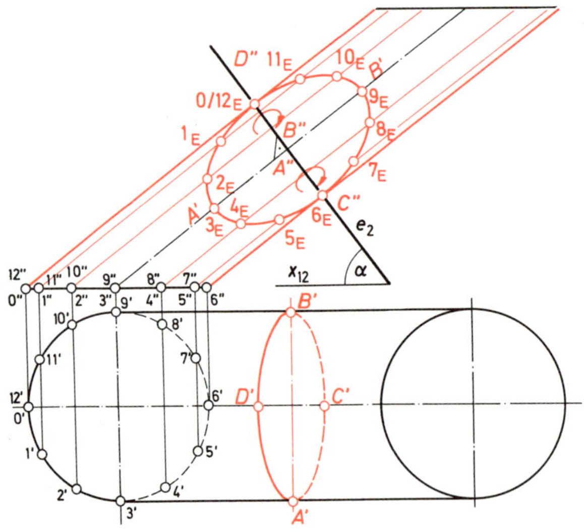

Bild 6.12 Schiefer Kreiszylinder

6.4.2. Schiefer zylindrischer Drehkörper

Der **schiefe** zylindrische Drehkörper entsteht durch **Neigung** der Zylinderachse mit Lage des Grundkreises in π_1 und hierzu paralleler Lage des Deckkreises, Bild 6.12.

Der senkrechte Schnitt zur Zylinderachse ergibt eine **Ellipse,** entlang deren **Umfangslinie** der Körper in die **Zeichenebene abgerollt** wird. Die Länge der abgewickelten Mantelfläche = Umfang der Schnittellipse = $\overline{0_E 12_E}$. Der Schnitt ergibt im Aufriß die wahre Größe der Ellipsenachse $\overline{C''D''}$. Die horizontale Ellipsenachse $\overline{A'B'}$ = Durchmesser des Grundkreises.

Zur Auffindung des der Ellipse aus Vereinfachungsgründen einbeschriebenen Sehnen-12-Ecks wird der Grundkreis in 12 Teile (0′ bis 12′) eingeteilt und in den Aufriß projiziert (0″ bis 12″). Die im Aufriß eingezeichneten Mantellinien schneiden die in π_2 geklappte Schnittellipse in den Punkten 0_{0E} bis 12_{0E}. Die Sehnenabschnitte werden von 0_E aus beginnend, Bild 6.13, auf einem freien Strahl, der sinnvollerweise unter dem Winkel α = Neigung von e_2 zu x_{12} bzw. π_1 verläuft, abgetragen. Die Längen der jeweiligen Mantellinien sind in π_2 (Bild 6.12) in wahrer Größe abgebildet, da sie parallel zu π_2 verlaufen, und werden von den Teilpunkten 0_E, 1_E ... 12_E aus auf der Umfangslinie $\overline{0_E 12_E}$ nach beiden Seiten senkrecht abgetragen.

Bild 6.13 Abwicklung des schiefen Kreiszylinders

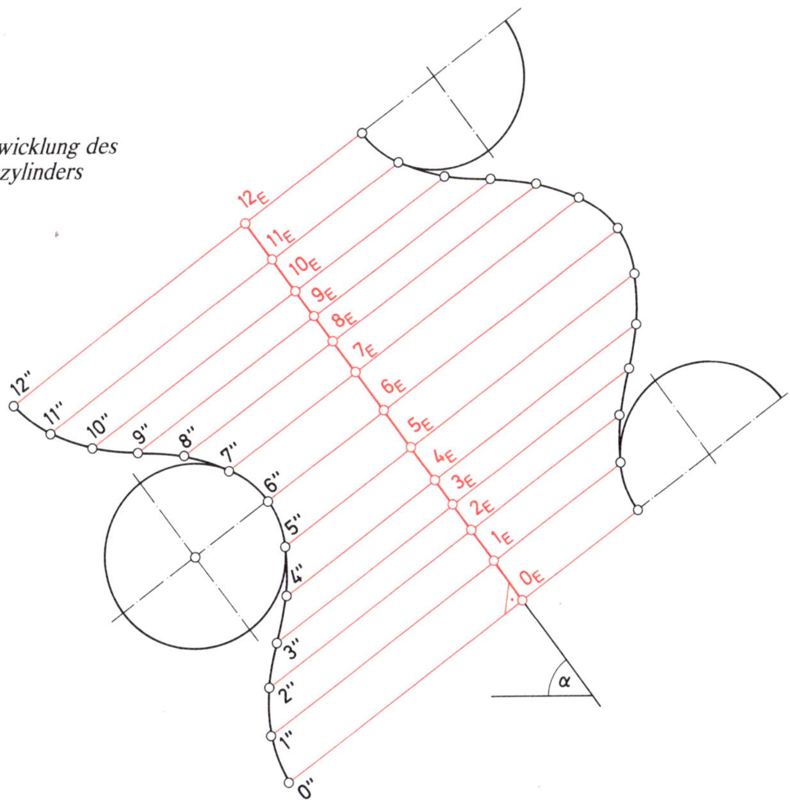

7. Ebene Schnitte und Abwicklungen an kegeligen Körpern

7.1. Ebene Kegelschnitte

Je nach Lage der Schnittebene zur Kegelachse erhält man am Kegel bestimmte Schnittkurven, wie in der schematischen Übersicht in **Bild 7.1** abgebildet ist. Werden **alle Mantellinien** des Kegels von der Schnittebene geschnitten, ist die Schnittkurve eine **Ellipse**.

Liegt die Schnittebene **senkrecht zur Kegelachse**, entsteht ein **Kreis**, und wenn die Schnittebene **parallel** zu **einer Mantellinie** verläuft, ergibt sich als Schnittkurve eine **Parabel**. Verläuft die Schnittebene **parallel zu zwei Mantellinien**, ist die Schnittkurve eine **Hyperbel**. Ein Sonderfall liegt dann vor, wenn die Schnittebene durch die **Spitze** des Kegels verläuft. In diesem Fall ergibt sich ein **Dreieck**.

7.1.1. Elliptischer Schnitt

Bild 7.2 zeigt, wie beim elliptischen Kegelschnitt Mantellinien, die gleichmäßig auf dem Umfang der Kegelmantelfläche angebracht sind, mit der Schnittebene zum Schnitt

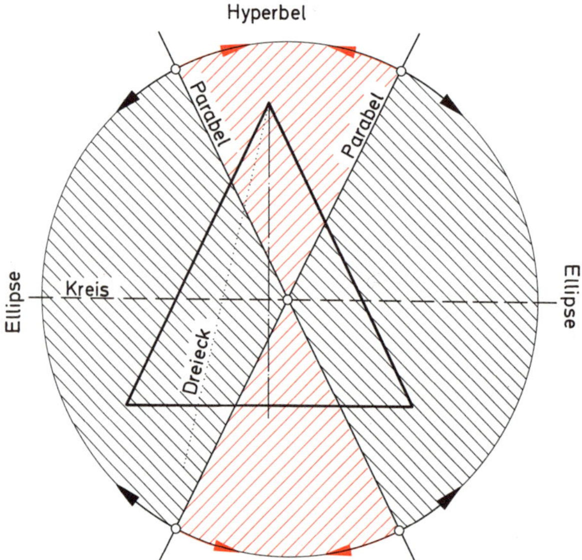

Bild 7.1 Schemabild für die Bestimmung der Schnittkurven am geraden Kreiskegel

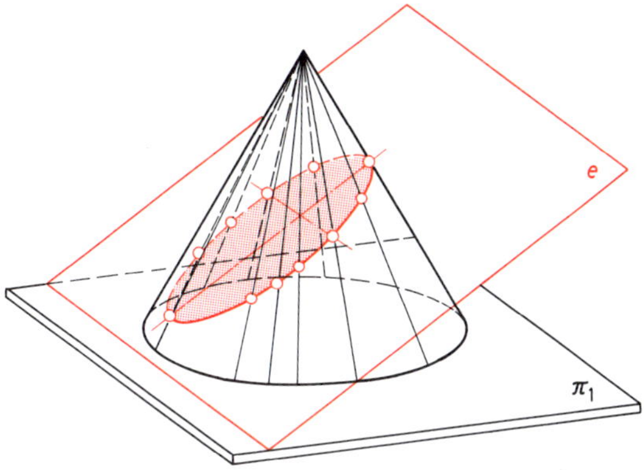

Bild 7.2 Dimetrische Darstellung des Mantellinienverfahrens zur Bestimmung der Schnittkurve

gebracht werden. Die **Verbindungslinie** sämtlicher **Mantelliniendurchstoßpunkte** ergibt eine **Ellipse**.
Die Konstruktion mit Mantellinien ist einfach, Bild 7.3, da sich die Schnittkurve in π_2 als Gerade $= e_2$ abbildet. Ihre Übertragung in die Bildebene π_1 und π_3 ist bekannt.

> Die Hauptachse $\overline{AB}$ der Ellipse liegt auf der Fallinie, während die Ellipsen-Nebenachse $\overline{CD}$ auf einer Höhenlinie durch die Mitte der Hauptachse liegt.

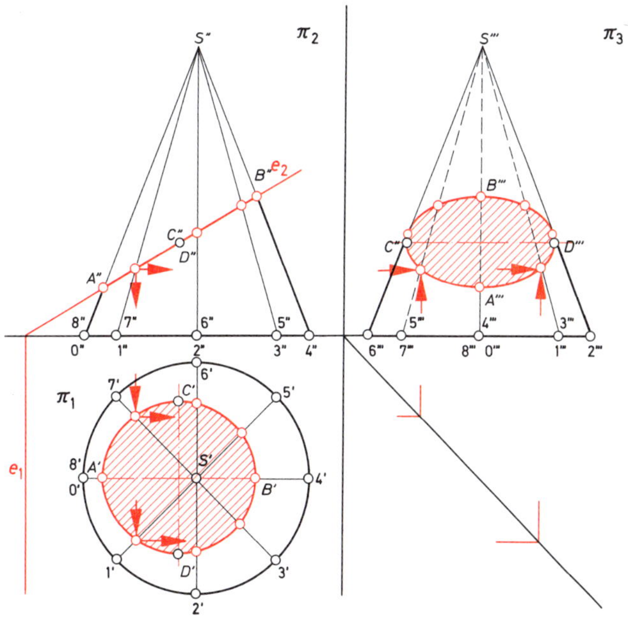

Bild 7.3 Mantellinienverfahren zur Bestimmung der Ellipse

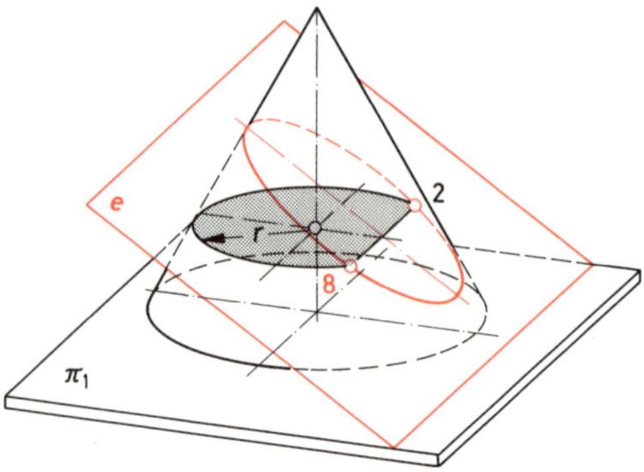

Bild 7.4 Dimetrische Darstellung horizontaler Hilfsschnitte parallel π_1 zur Bestimmung der Schnittkurve

Die Bilder 7.4 und 7.5 zeigen eine andere Konstruktionsmöglichkeit, die Anwendung **horizontaler Hilfsschnitte** parallel zur Grundfläche π_1. Hierdurch entstehen am Kegel in π_1 Kreisabschnitte mit Radius r, die sich in π_2 als waagrechte Linien abbilden. Ihr Schnittpunkt mit e_2 liefert in π_2 die gesuchten Kurvenpunkte, deren Übertragung in den Grundriß π_1 und Seitenriß π_3 mit Hilfe von Ordnerlinien durchgeführt wird.

> Die Schnittpunkte 0″ bzw. 5″ sind die äußersten Punkte der Ellipse, in diesem Fall wird die Sehne zum Punkt.

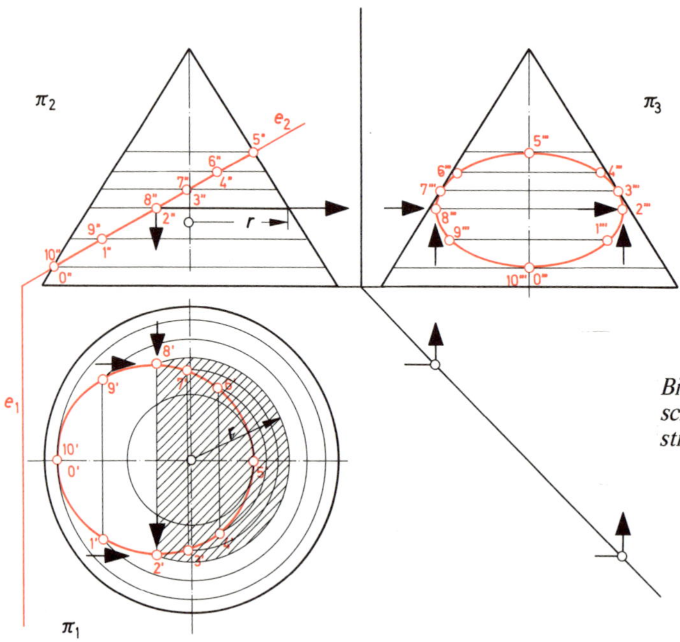

Bild 7.5 Horizontale Hilfsschnitte parallel π_1 zur Bestimmung der Schnittkurve

Bild 7.6 Dimetrische Darstellung des hyperbolischen Schnittes am geraden Kreiskegel

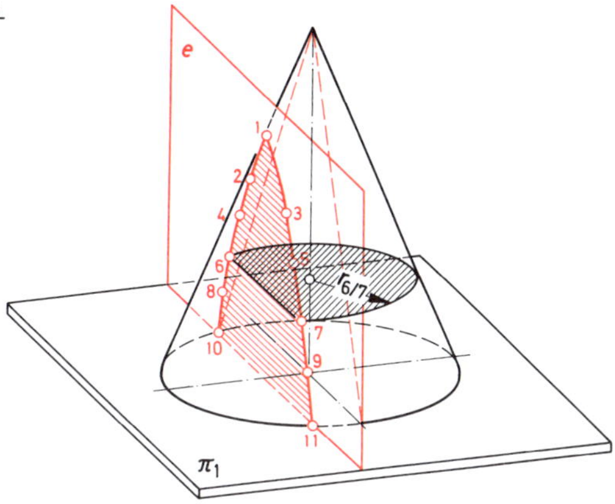

7.1.2. Hyperbolischer Schnitt

Liegt die schneidende Ebene *e* **parallel zu zwei Mantellinien** wie in **Bild 7.6** dargestellt, ergibt sich als Schnittfigur eine **Hyperbel**, deren Konstruktion am besten mittels Hilfsschnitten parallel zur Grundrißebene ausgeführt wird. Dieser Konstruktion ist dann der Vorzug zu geben, wenn nur der geschnittene Kegel verlangt ist, Bild 7.6 und 7.7. Wird aber eine Abwicklung verlangt, ist das Mantellinienverfahren geeigneter.

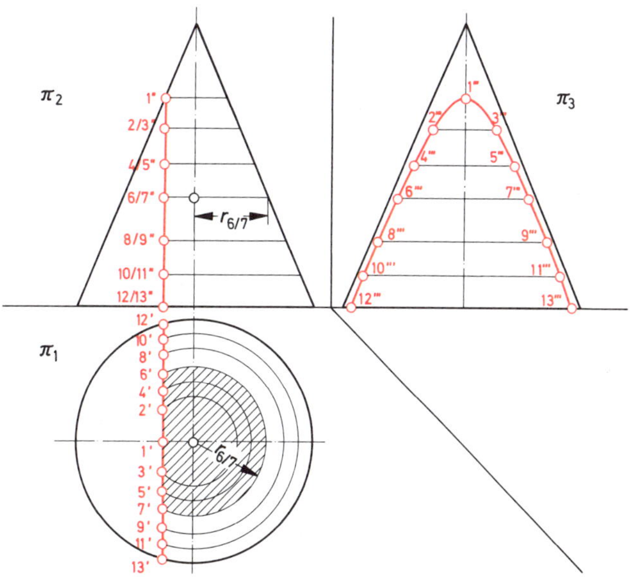

Bild 7.7 Hyperbolischer Schnitt am geraden Kreiskegel

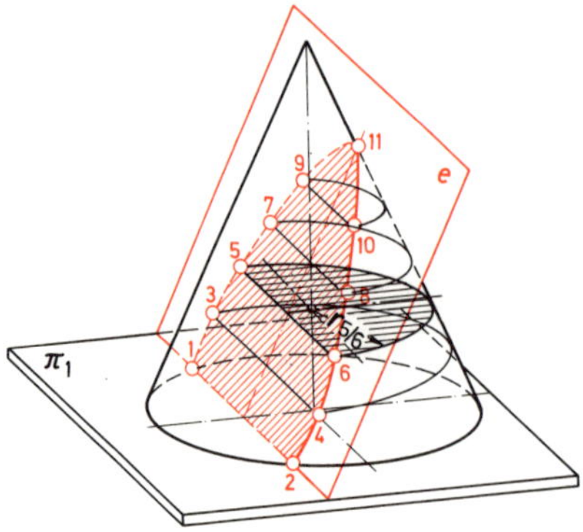

Bild 7.8 Dimetrische Darstellung des Parabelschnittes am geraden Kreiskegel

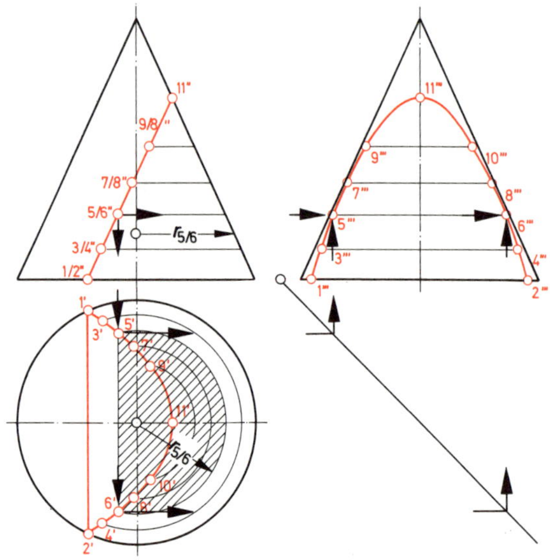

Bild 7.9 Parabelschnitt am geraden Kreiskegel

7.1.3. Parabelschnitt

Liegt die Schnittebene *e* **parallel zu einer Mantellinie**, Bild 7.8, erhält man eine Schnittfläche, die von einer **Parabel** und einer Geraden $(\overline{12})$ begrenzt wird. Konstruktiv wird, wie Bild 7.9 zeigt, die Schnittkurve nach den bekannten Verfahren (Hilfsschnitte oder Mantellinien) gelöst. Die wahre Größe der Parabel erhält man durch Umklappen.

7.1.4. Kegelschnitt bei beliebiger Raumlage der Schnittebene *e*

Bei **beliebiger Raumlage** der Schnittebene *e*, Bild 7.10, ist es vorteilhaft, mit der Einführung einer neuen Bildebene π_4 zu arbeiten, die senkrecht auf π_1 steht. Ihre Grundrißspur x_{14} wird im beliebigen Punkt 0 senkrecht auf e_1 errichtet. Der Neigungswinkel α in 0 angetragen, liefert den Schnitt mit dem Kegel als Gerade und den auf ihr liegenden

Schnittpunkten 0^{IV} bis 8^{IV}. Die so gefundenen Punkte der Schnittfigur werden in bekannter Weise in die Bildebene π_1 übertragen. Das Bild der Schnittfigur in π_2 erhält man mit Hilfe von Höhenlinien und den entsprechenden Ordnern.

In der Regel genügen die Punkte 0, 4, 2 und 6 für das Aufzeichnen der Schnittfigur, d.h., man bestimmt zu den beiden aufeinander senkrecht stehenden Durchmesser $\overline{0'4'}$ und $\overline{2'6'}$ die konjugierten Durchmesser $\overline{0''4''}$ und $\overline{2''6''}$ in π_2, indem man den Verlauf der Fallinien $\overline{HV}$ bestimmt und mit den beiden Kegelmantellinien $\overline{QS}$ und $\overline{RS}$ in $0''$ und $4''$ zum Schnitt bringt.

Bild 7.10 Kegelschnitt bei beliebiger Raumlage der Schnittebene

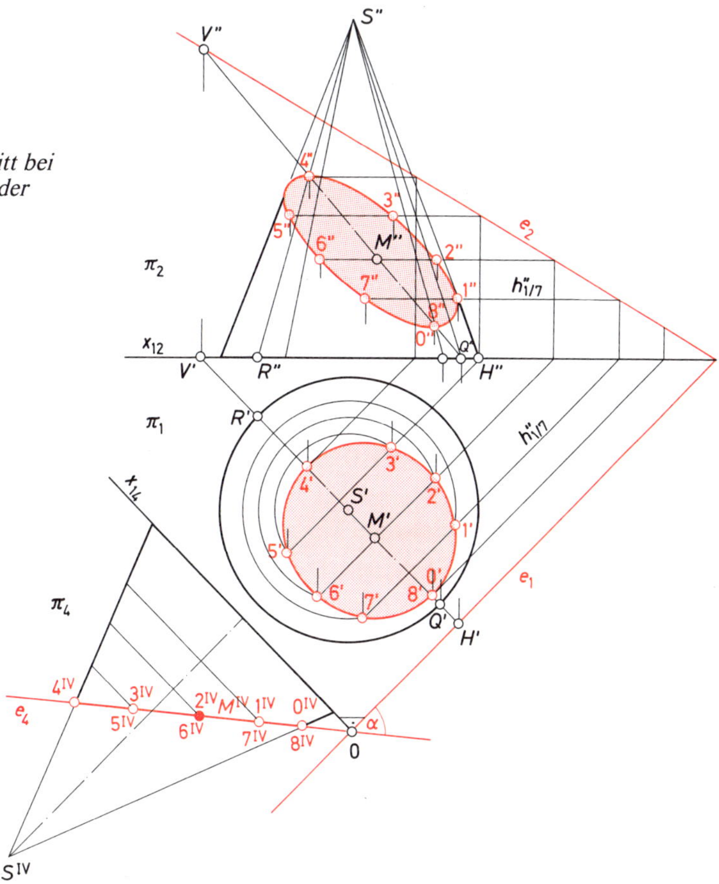

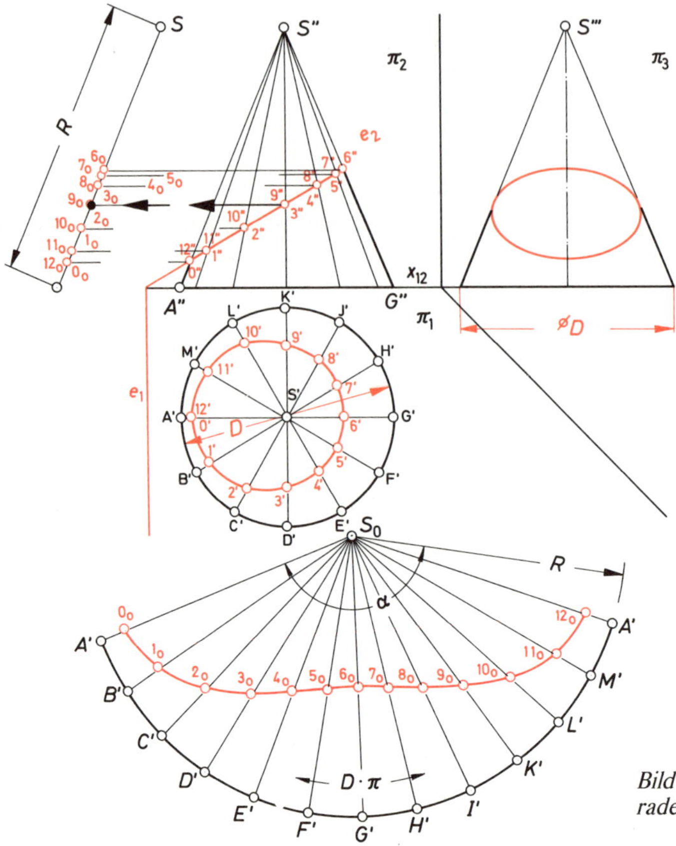

Bild 7.11 Abwicklung des geraden Kreiskegels

7.2. Abwicklung kegeliger Körper

7.2.1. Gerader Kreiskegel

Der in die Zeichenebene abgerollte Drehkegel ergibt als Abwicklung einen Kreisausschnitt mit dem Radius R = Mantellinie $\overline{S''A''}$ und der Bogenlänge $\pi \cdot D$ = Umfang des Grundkreises des Kegels. Es gilt folgende Beziehung:

$$\frac{\alpha^\circ}{360^\circ} = \frac{D \cdot \pi}{2 \cdot R \cdot \pi} \quad \rightarrow \quad \alpha^\circ = \frac{D}{R} \cdot 180\,[^\circ]$$

Bild 7.11 zeigt, daß wie beim zylindrischen Drehkörper die Längen der Sehnenabschnitte des dem Grundkreis einbeschriebenen 12-Ecks auf dem Bogen abgetragen werden. Konstruktiv wird der Kegelmantel in 12 Mantellinien eingeteilt, deren Durchstoßpunkte auf der Schnittgeraden e_2 und π_2 liegen.

Die wahren Längen der geschnittenen Mantellinien erhält man durch Paralleldrehen der jeweiligen Mantellinie, so daß sie parallel zu π_2 verläuft, d.h., man bringt sie mit der äußersten Mantellinie $\overline{S''A''}$ zur Deckung. Der besseren Übersicht wegen ist es aber sinnvoll, in entsprechendem Abstand zu der äußersten Kegelmantellinie $\overline{S''A''}$ eine Parallele zu zeichnen und die jeweiligen Durchstoßpunkte waagrecht auf diese Hilfslinien zu projizieren, dann wird z.B. 3″ zu 3_0 usw.
Zum Aufzeichnen der Abwicklung wird um S_0 ein Kreisbogen mit $R = \overline{S''A''}$ beschrieben, auf dessen Bogen vom beliebigen Punkt A' aus die Abschnitte $\overline{A'B'}$, $\overline{B'C'}$ ... bis A' abgetragen werden. Diese Teilpunkte verbindet man mit S_0. Die wahren Längen der abgeschnittenen Mantellinien greift man mit dem Zirkel von S aus auf dem Hilfsstrahl ab und überträgt sie auf die entsprechenden Mantellinien des Kreisausschnittes. Der Einfachheit halber ist im beschriebenen Fall von der Darstellung der Schnittfläche (wahrer Größe) sowie der Grundfläche Abstand genommen worden.

> Wird von einem geschnittenen Kegel sowohl die Schnittfläche in den jeweiligen Ansichten als auch die Abwicklung verlangt, wird das sogenannte Mantellinienverfahren angewandt.

7.2.2. Schiefer Kreiskegel

Bei der Abwicklung des **schiefen Kreiskegels** in der Zeichenebene entsteht **kein Sektor**, wie Bild 7.12 zeigt, da die **Mantellinien unterschiedlich lang** sind. Zur Bestimmung ihrer wahren Länge wird der Umfang möglichst in 12 Mantellinien eingeteilt, die in beiden Bildebenen eingetragen werden. Da nur die Mantellinien in wahrer Größe abgebildet werden, die parallel zur Bildebene π_2 verlaufen ($\overline{0''S''}$ und $\overline{6''S''}$), müssen alle anderen Mantellinien einzeln zu π_2 parallel gedreht werden, indem man z.B. um S' mit $r = \overline{S'3'}$ einen Kreisbogen beschreibt, der die Achse des Kegels in $3_0'$ schneidet. Mittels Ordner wird der gefundene Bildpunkt in den Aufriß projiziert, dort erhält er die Bezeichnung 3_0 bzw. 9_0.
Die Verbindungslinie $\overline{S''3_0}$ bzw. $\overline{S''9_0}$ entspricht der wahren Länge der entsprechenden Mantellinie. Auf diese Weise werden sämtliche Mantellinienlängen bestimmt (0_0, 1_0...).
Zum Aufzeichnen der eigentlichen Abwicklung ist es ratsam, zuerst mit der längsten Mantellinie $\overline{S''0_0}$ bzw. $\overline{S''12_0}$ zu beginnen. Die Lage des Punktes S ist beliebig. Als Schnittpunkt des Kreisbogens um S mit $r = \overline{S''1_0}$ und um $0_0/12_0$ mit $r = \overline{0'1'}$ erhält man die Punkte 1_0 und 11_0.
Hierbei geht man von der Voraussetzung aus, daß die Länge der Sehne $\overline{0'1'}$ unwesentlich von der entsprechenden Bogenlänge abweicht und die Konstruktion deshalb mit ausreichender Genauigkeit ausgeführt werden kann. Die restlichen Punkte 2_0, 3_0 werden sinngemäß gefunden.
Wird der ungeschnittene schiefe Kreiskegel noch zusätzlich von einer zur Aufrißebene

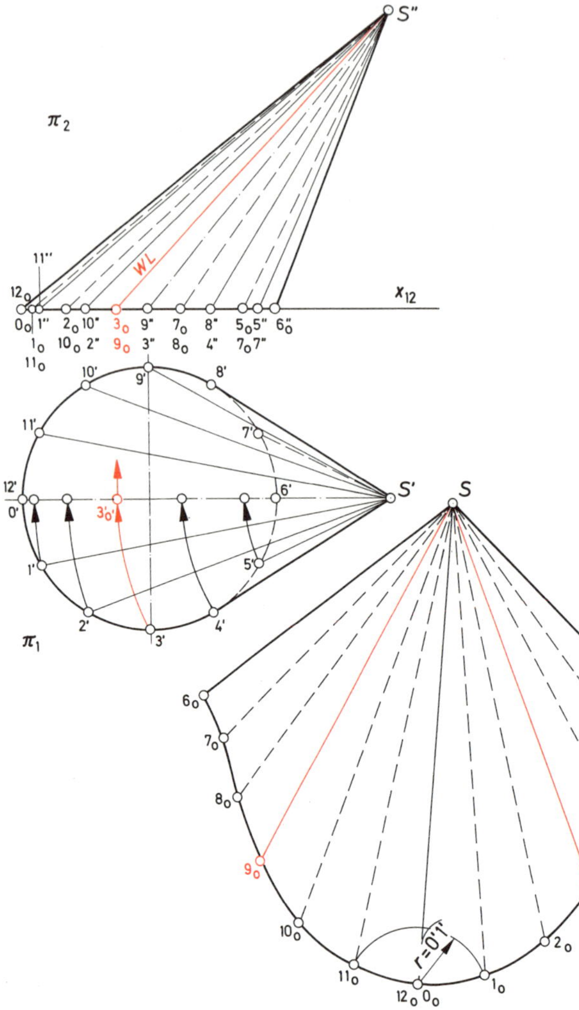

Bild 7.12 Abwicklung des schiefen Kreiskegels

π_2 senkrecht stehenden schrägen Schnittebene geschnitten, wird konstruktiv gleichartig vorgegangen. Es ist nur zu beachten, daß zuerst die in der Grundrißebene π_1 entstehende Schnittkurve, z.B. Ellipse, bestimmt wird. Die entstehenden Mantellinienabschnitte werden auf den in der beschriebenen Weise bestimmten wahren Mantellinienlängen abgetragen.

> Bei der Konstruktion der Abwicklung des schiefen Kreiskegels muß der Kegelumfang in Mantellinien unterteilt werden, deren wahre Länge einzeln bestimmt wird.

8. Schnittkurven an verschiedenen Drehkörpern

8.1. Abgeflachtes Stangenende

Konstruktion mit Hilfsschnitten rechtwinklig zur Körperachse. Sie ergeben Kreisflächen mit Radius r_n, deren Schnitt mit den Abflachebenen die Sehnen $\overline{A'_n B'_n}$ ergibt. In Bild 8.1 ist die Übertragung der Punkte A'_n und B'_n in die Aufrißebene π_2 mittels Ordnerlinien dargestellt. Der obere Wendepunkt P der Schnittkurve entsteht beim Schnitt der Abflachebene e mit dem Radius R der Stange. Zu sehen als Bildpunkt P''' in der Seitenansicht beim Schnitt von e_3 mit R.

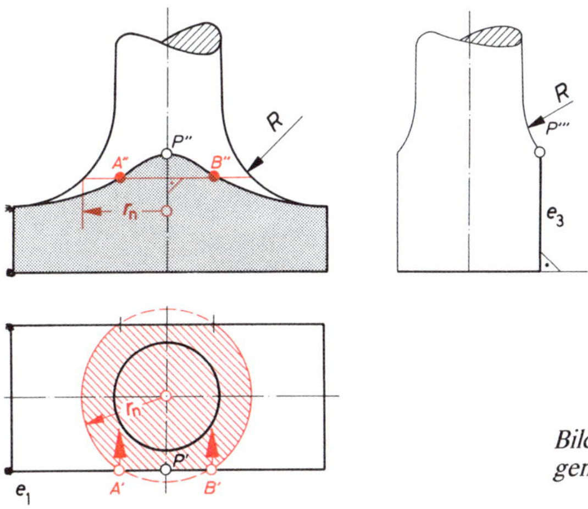

Bild 8.1 Abgeflachtes Stangenende

8.2. Hebel mit zwei Augen

Bei dem in Bild 8.2 dargestellten Hebel wird dieselbe Konstruktion wie unter 8.1 angewandt. Die Endpunkte der Kurven erhält man durch die Berührungspunkte E' und F' (Tangenten).

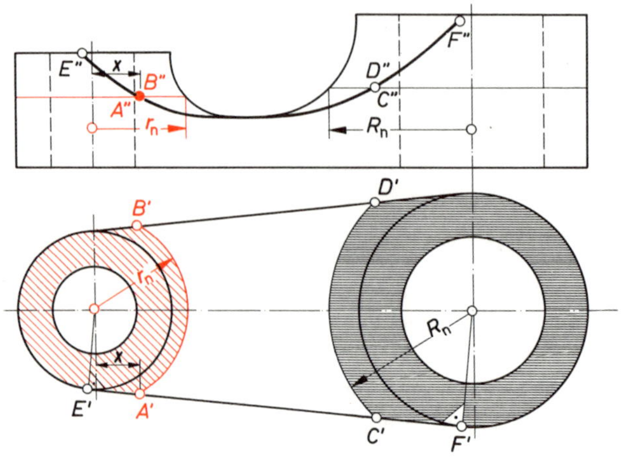

Bild 8.2 Hebel mit 2 Augen

9. Durchdringungen an zylindrischen Drehkörpern

9.1. Rechtwinklige Durchdringung zweier Rundsäulen

9.1.1. Hilfsschnitte parallel zur Grundrißebene

Bei der rechtwinkligen Durchdringung zweier Rundsäulen, Bild 9.1, werden verschiedene **Hilfsschnitte** (e) **parallel zur Grundrißebene** angeordnet, die an der **senkrechten Säule** als Schnittfläche einen **Kreis** und an der waagrechten Säule ein **Rechteck** als Schnittfläche erzeugen. Ihre Schnittpunkte (1, 2, 3 und 4) sind Punkte der gesuchten

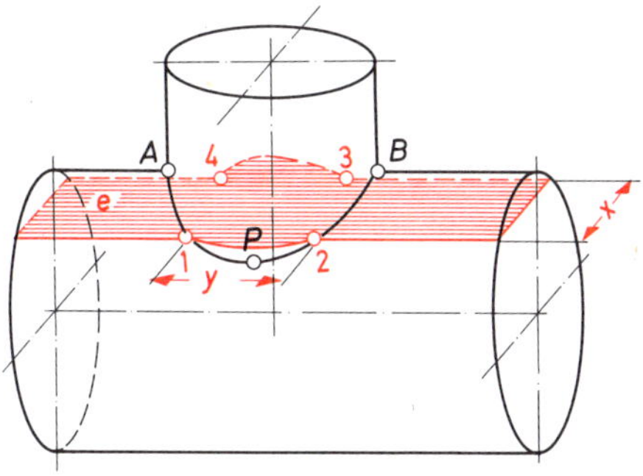

Bild 9.1 Dimetrische Darstellung der Durchdringungskurvenbestimmung mit Hilfsschnitten parallel zur Grundrißebene

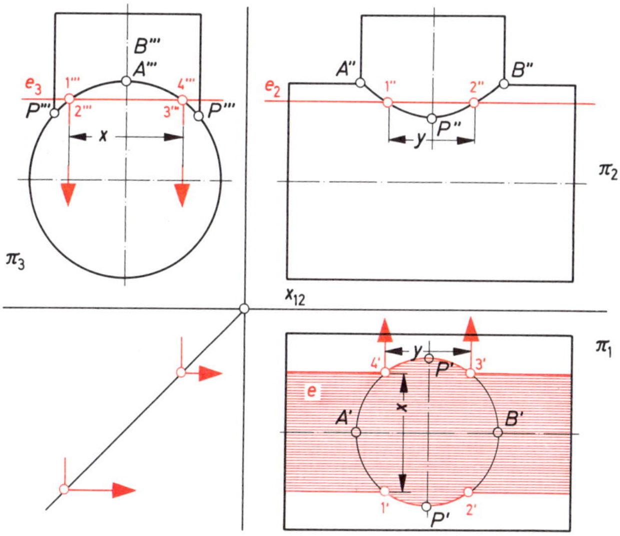

Bild 9.2 Bestimmung der Durchdringungskurve mit Hilfsschnitten parallel zur Grundrißebene

Durchdringungskurve. In Bild 9.2 ist ihre konstruktive Bestimmung abgebildet. Die in π_1 gefundenen Schnittpunkte 1′, 2′, 3′ und 4′ werden auf bekannte Art in die anderen Bildebenen π_2 und π_3 übertragen.

Der Wendepunkt P der Durchdringungskurve liegt bei $Y = 0$.

9.1.2. Hilfsschnitte parallel zur Aufrißebene

In Bild 9.3 und Bild 9.4 wird die Konstruktion der Durchdringungskurven mittels **Hilfsschnitten** (e) **parallel zur Aufrißebene** π_2 gezeigt. Sie werden im beliebigen Abstand y von der Mittelachse parallel zur Aufrißebene errichtet. Bei unsymmetrischer Lage der Rundsäulen werden auch die Durchdringungskurven unsymmetrisch.

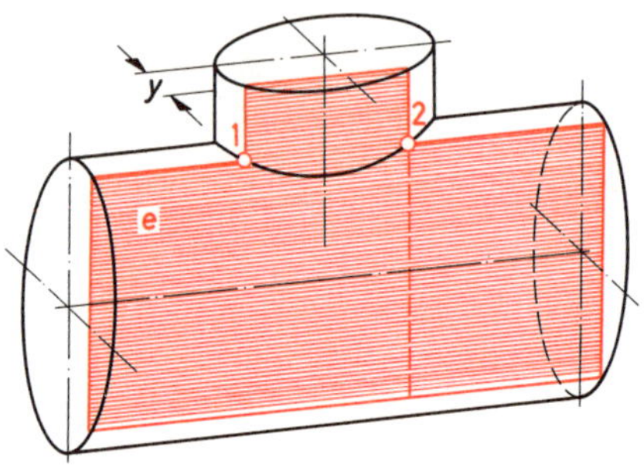

Bild 9.3 Dimetrische Darstellung der Durchdringungskurvenbestimmung mit Hilfsschnitten parallel zur Aufrißebene

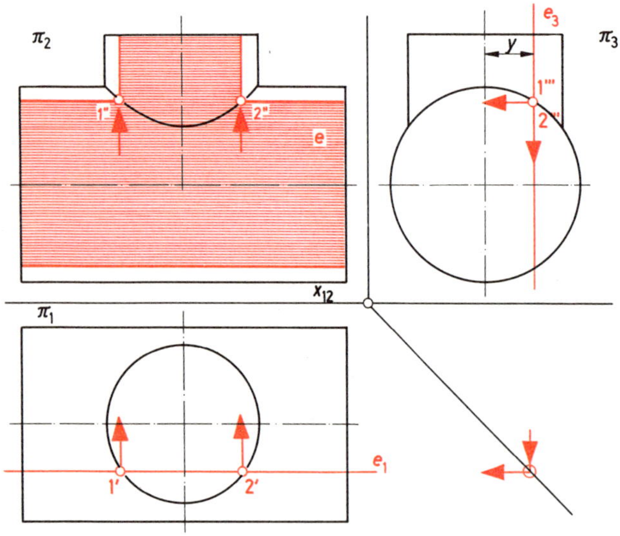

Bild 9.4 Bestimmung der Durchdringungskurve mit Hilfsschnitten parallel zur Aufrißebene

Bild 9.5 Durchdringungskurve mittels Mantellinien

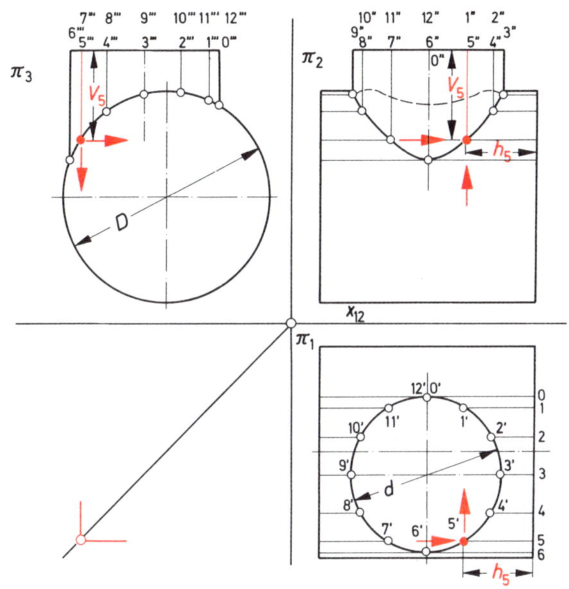

9.1.3. Durchdringungskurve mittels Mantellinien

Die Konstruktion der Durchdringungskurve am Zylinder mit Hilfe der **Mantellinien** wird vorwiegend dann angewandt, wenn die **Abwicklung** verlangt ist. Bild 9.5 zeigt, wie man den Kreisumfang des senkrechten Zylinders in möglichst gleichmäßige Teile einteilt (1 bis 12) und die sich ergebenden Mantellinien in die einzelnen Ansichten überträgt. Eine sinnvolle Bezeichnung der Mantellinien in den jeweiligen Bildebenen erleichtert die Konstruktion der Durchdringungskurve.

Für das Aufzeichnen der Abwicklung der senkrechten Rundsäule werden die Teilpunkte 0, 1... auf einer Strecke = Umfang der Mantelfläche angeordnet (Sehnenabschnitte $\overline{0'1'}$,...) und über den jeweiligen Teilpunkten die Höhen (V_5) der Mantellinien abgetragen. Die Endpunkte verbindet man mit dem Kurvenlineal. Soll die waagrechte Rundsäule auch abgewickelt werden, zieht man durch die Durchstoßpunkte waagrechte Mantellinien mit entsprechender Bezeichnung $0'_x$, $1'_x$ ... .

Die Abstände h_5 der Durchstoßpunkte von der Rundsäulengrundfläche entnimmt man aus der Draufsicht in π_1, ihre Lage auf dem abgewinkelten Mantelumfang am besten aus der Seitenansicht π_3, in der sich die Grundfläche als Kreis abbildet.

In der Praxis herrschen die Aufgaben vor, in denen die Durchdringungskörper als Bohrungen oder Ausfräsungen auftreten. In diesen Fällen werden dieselben Konstruktionsmöglichkeiten angewandt.

9.1.4. Aufgabe

Zu vervollständigen sind die 3 Ansichten des in Bild 9.6 abgebildeten zylindrischen Drehkörpers.

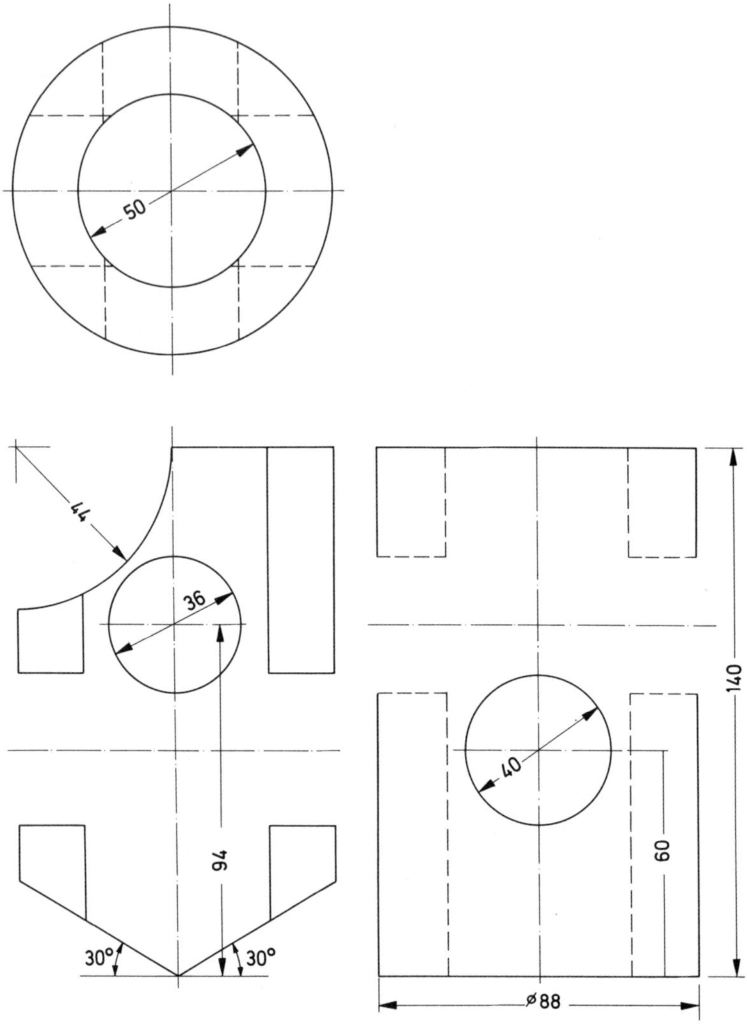

Bild 9.6 Mehrfach schräg geschnittener und durchbohrter zylindrischer Drehkörper

9.2. Schräge, außermittige Zylinderdurchdringung

Liegt die **Achse** des Durchdringungskörpers wie in Bild 9.7 **schräg**, d.h. zur Grundrißebene π_1 **geneigt**, aber parallel zur Aufrißebene π_2, wird mit einer Reihe von Hilfsschnitten gearbeitet, die z.B. im beliebigen Abstand y von der Mittelachse des Hauptzylinders, parallel zu x_{12} durch beide Körper gelegt werden. Ihre Spuren werden mit e_1 bezeichnet. Man erhält als Schnittflächen Rechtecke, deren gemeinsamer Schnittpunkt 1″.2″ gesuchte Punkte der Durchdringungskurve sind.

Die Breite b_1 des entstehenden senkrechten Rechteckes läßt sich in der Draufsicht ermitteln, dort wird der senkrechte Kreiszylinder als Kreis abgebildet, aus dem e_1 die Sehne b_1 abschneidet. Ihre Übertragung in den Aufriß erfolgt mittels Ordnerlinien. Die Breite b_2 der entstehenden schrägen Schnittfläche erhält man dadurch, daß man die Deckfläche des schrägen Abzweiges mit dem Durchmesser d, sie ist in der Draufsicht als Ellipse abgebildet, in den verlängerten Grundriß klappt und mit der Hilfsschnittspur e_1 zum Schnitt bringt. Sie schneidet die Sehne b_2 aus. Genauso kann man auch im Aufriß π_2 die Breite b_2 bestimmen, indem man die Kreisfläche der Abzweigdeckfläche in den

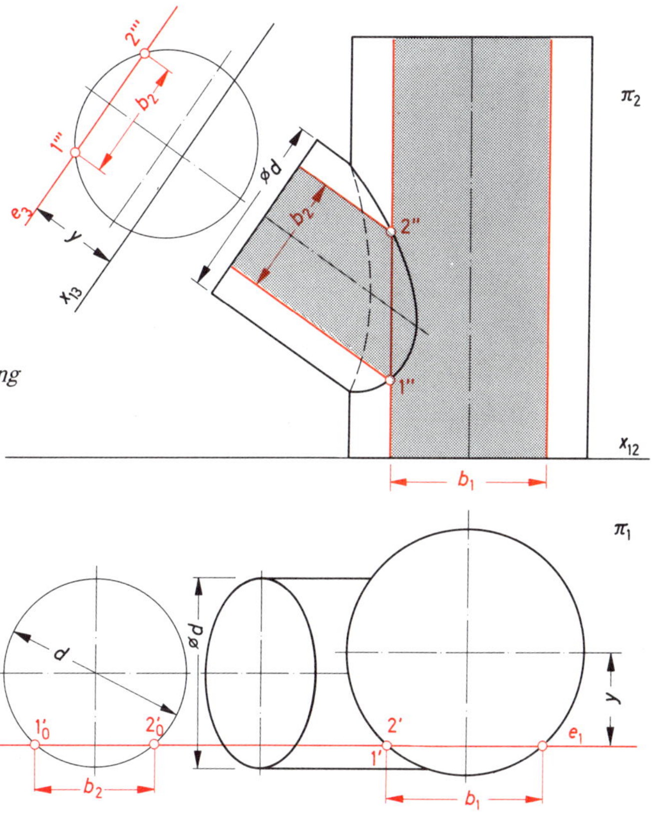

Bild 9.7 Schräge, außermittige Zylinderdurchdringung

verlängerten Aufriß klappt. Das Einzeichnen der Mittelachse des senkrechten Deckzylinders als Bezugsebene x_{13} erleichtert die weitere Konstruktionsarbeit. Die Spuren der Hilfsschnitte werden dort mit e_3 bezeichnet. Sie schneiden im Kreis die gesuchten Sehnen (z.B. b_2) aus. Ihre Übertragung in die Hauptansicht ergibt gesuchte Schnittpunkte 1″ und 2″.

9.3. Dreiseitiges Prisma durchdringt zylindrischen Drehkörper

Durchdringt ein ebenflächig begrenzter Körper (in Bild 9.8 ist es ein 3seitiges Prisma) einen zylindrischen Drehkörper, wird die entstehende **Durchdringungskurve** mittels **Hilfsschnitten**, die an beiden Körpern sich schneidende **ebene Hilfsflächen** erzeugen, ermittelt. Im Beispiel erzeugen die auf π_1 senkrecht stehenden Hilfsschnitte am **Prisma** ein **waagrecht liegendes** und am **Zylinder** ein **senkrecht** stehendes **Rechteck** als Schnittfläche. Ihre Größe erhält man aus der Seitenansicht π_3 und Draufsicht π_1. Beide Schnittflächen schneiden sich in gesuchten Durchdringungspunkten 6″, 7″, 8″ und 9″.

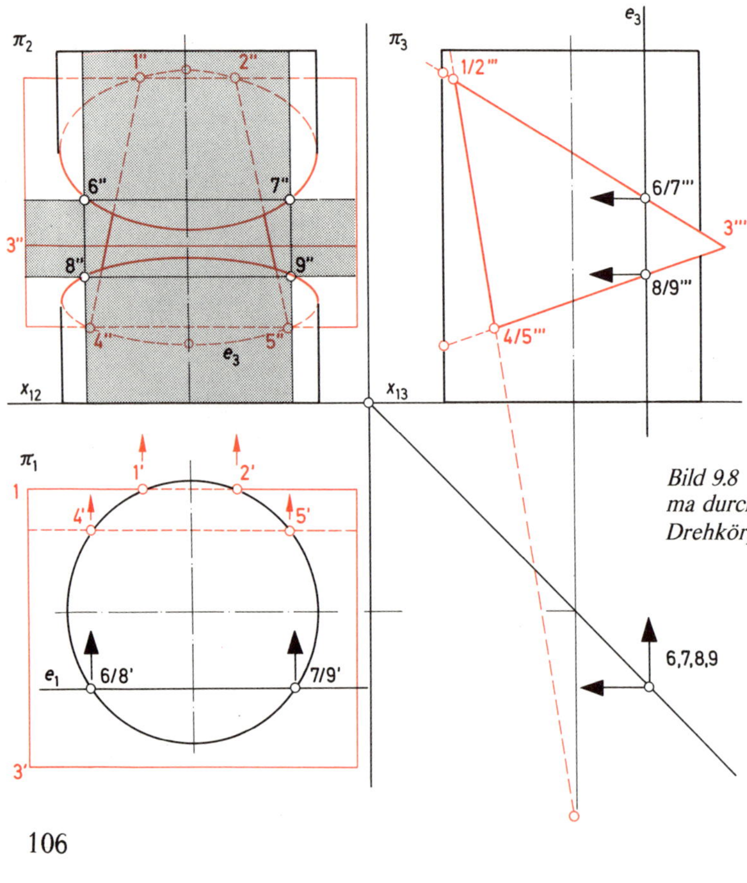

Bild 9.8 Dreiseitiges Prisma durchdringt zylindrischen Drehkörper

Jede einzelne Prismenfläche erzeugt am Zylinder eine Ellipse, somit setzt sich die Durchdringungskurve aus 3 verschiedenen Ellipsenabschnitten zusammen.

Durch entsprechendes Verlängern der Prismenseiten in π_3 erhält man am Zylinder die Höhe der Ellipsennebenachse. Die Hauptachsen werden in π_2 in wahrer Größe abgebildet und entsprechen dem Durchmesser des Zylinders. Die sich daraus ergebende Konstruktionserleichterung sollte wahrgenommen werden.

9.4. Zylindrischer Drehkörper durchdringt vierseitige Pyramide

In Bild 9.9 wird die Durchdringung einer Pyramide durch einen zylindrischen Drehkörper dargestellt, wobei der Einfachheit halber in Anlehnung an die Praxis nur noch der Restkörper abgebildet wird. Die Spuren e_1 und e_2 der Hilfsschnitte erzeugen in π_3 am

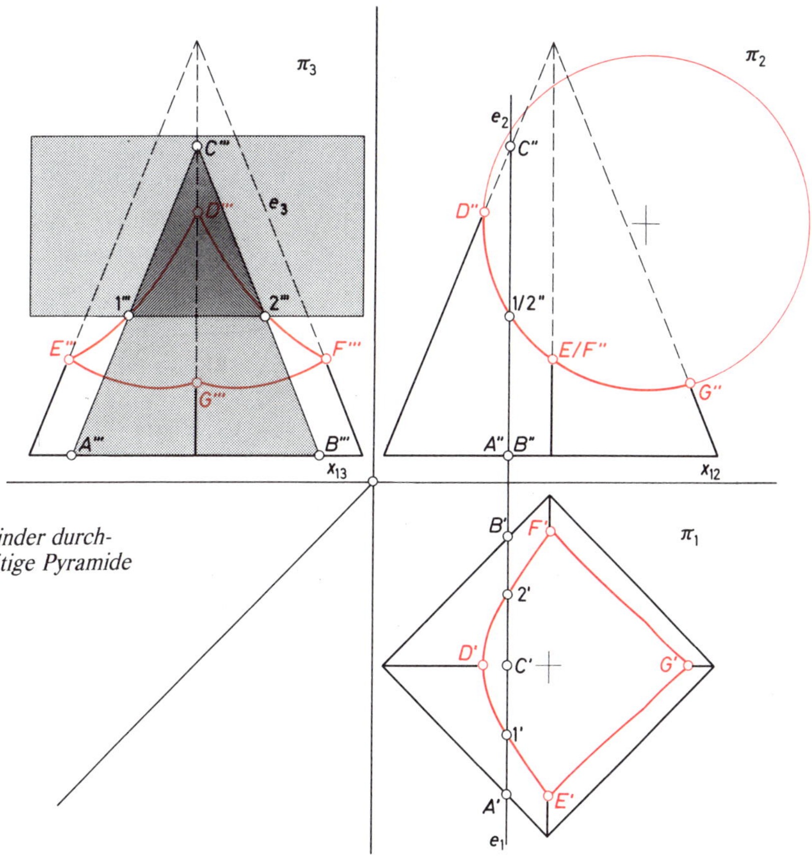

Bild 9.9 Zylinder durchdringt vierseitige Pyramide

Zylinder ein waagrecht liegendes Rechteck und an der Pyramide ein Dreieck als Schnittflächen mit den gemeinsamen Schnittpunkten 1‴ und 2‴, die mittels bekannter Konstruktionsverfahren in den Grundriß π_1 übertragen werden.

> Markante Durchstoßpunkte (*DEFG*) ergeben sich bei dem Durchstoßen der Pyramidenkanten. Sie werden ohne Hilfsschnitte ermittelt und in die einzelnen Bildebenen übertragen.

9.5. Aufgabe

Gegeben: Ein waagrecht liegender Zylinder durchdringt eine dreiseitige Pyramide.

Gesucht: Verlauf der Durchdringungskurve im Aufriß und Grundriß

Lösung: Bild 9.10

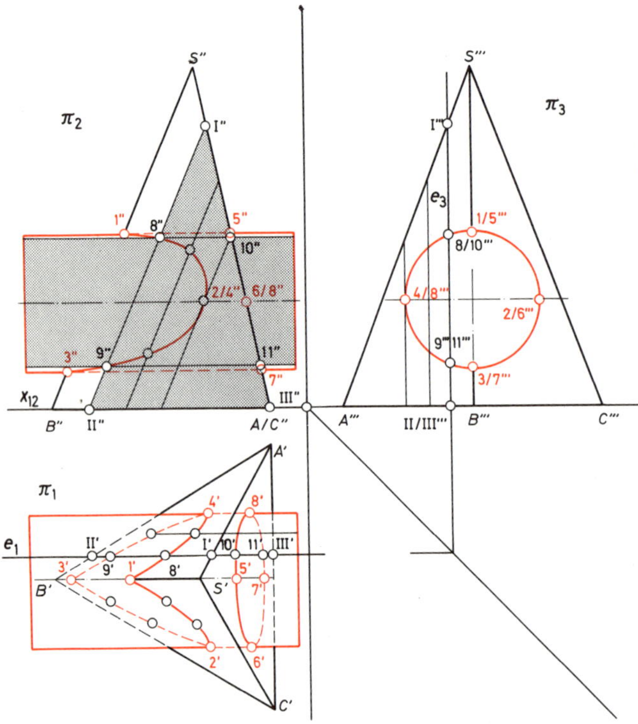

Bild 9.10 Zylinder durchdringt dreiseitige Pyramide

Konstruktionstext:
In der Seitenansicht bildet sich der Zylinder als Kreis ab. Ein senkrechter Hilfsschnitt mit der Spur e_3 im Seitenriß und e_1 im Grundriß erzeugt an der Pyramide die Schnittfläche $\triangle$ I, II, III, die in den 3 Bildebenen bestimmt wird. Am zylindrischen Drehkörper entsteht eine rechteckige Schnittfläche mit der abgeschnittenen Sehne $\overline{8'''9'''}$ bzw. $\overline{10'''11'''}$ als Breite.
Im Aufriß sind die gemeinsamen Schnittpunkte 8″, 9″, 10″ und 11″ gesuchte Punkte der Durchdringungskurve. Die Vollständigkeit der Durchdringungskurve erhält man durch eine Anzahl von Hilfsschnitten, die auch waagrecht, also parallel zur Grundrißebene gelegt werden können.

10. Durchdringung an kegeligen Körpern

10.1. Rechtwinklige Durchdringung eines Kegels mit einem Zylinder

Eine Reihe von **waagrechten Hilfsebenen** parallel π_1, wie in Bild 10.1 abgebildet, schneiden aus dem **Kegel konzentrische Kreisflächen** mit Radius r und aus dem **zylindrischen Drehkörper rechteckige Schnittflächen** mit der Breite y aus. In den

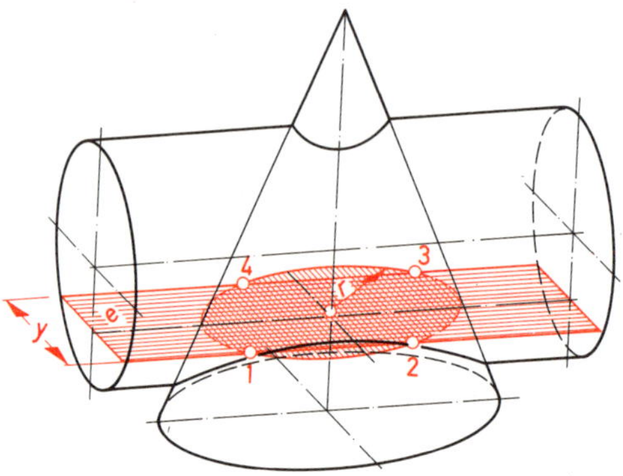

Bild 10.1 Dimetrische Darstellung der rechtwinkligen Kegeldurchdringung mit einem Zylinder

Bild 10.2 Waagerechter Zylinder durchdringt Kegel

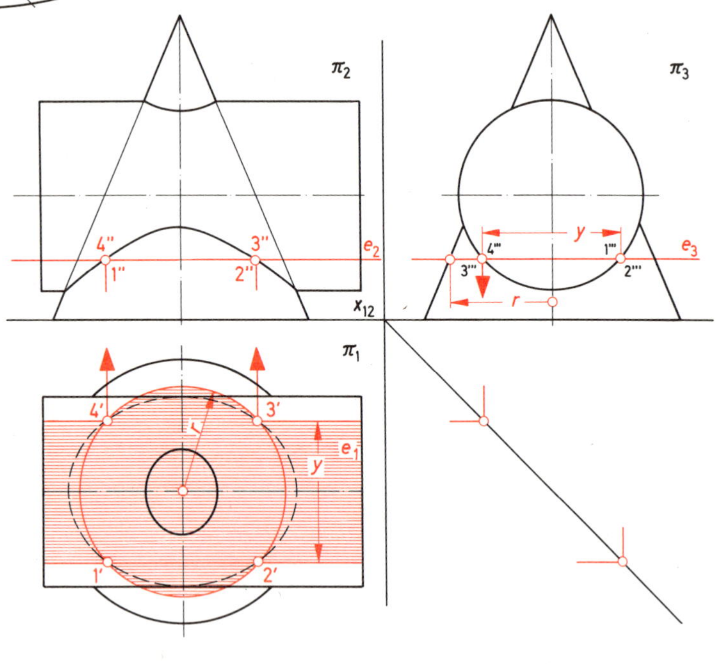

gemeinsamen Schnittpunkten 1, 2, 3 und 4 erhält man die gesuchten **Durchdringungspunkte**.
In Bild 10.2 ist die Konstruktion in Normalprojektion abgebildet. Die Hilfsebene e parallel π_1 erzeugt im Seitenriß die Spur e_3 und im Aufriß die Spur e_2. Hiermit erhält man den Radius r der konzentrischen Kreisflächen und die Breiten y der Rechtecke. Beide bilden sich in π_3 als Linièn ab, die man mittels bekannter Konstruktionsverfahren in die Bildebenen π_1 und π_2 projiziert.
Es ist darauf zu achten, daß der untere Teil der Durchdringungskurve in π_1 durch den zylindrischen Drehkörper verdeckt wird und deshalb nicht sichtbar (gestrichelt gezeichnet) ist.

10.2. Rechtwinklige Durchdringung zweier gerader Kegel

Liegt, wie in Bild 10.3 dargestellt, eine **rechtwinklige** Durchdringung **zweier** Kegel vor, kann die **Durchdringungskurve** mittels einer **Reihe** von **Hilfsschnitten** ermittelt werden. Sie werden durch die **Verbindungslinie der Kegelspitzen** K_1 und K_2 gelegt, die aus den Kegeln **dreieckige** Schnittflächen ausschneiden, deren **gemeinsame** Schnittpunkte gesuchte **Durchdringungspunkte** sind.
In den Bildern 10.4, 10.5 und 10.6 wird die schrittweise Entstehung der Durchdringungskurven im Aufriß dargestellt. Die in den anderen Ansichten entstehenden Kurven sind der besseren Übersicht wegen nicht eingezeichnet.

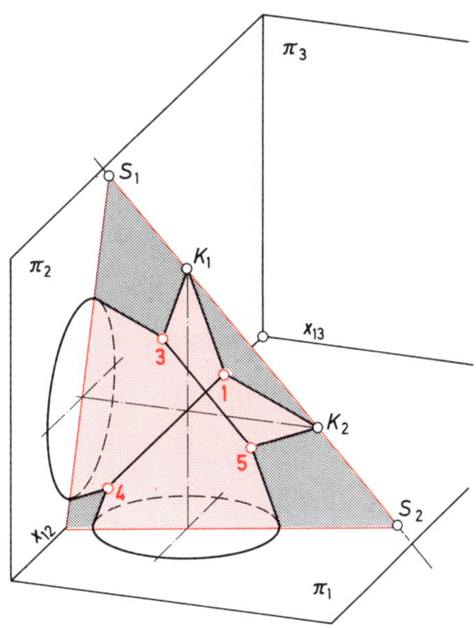

Bild 10.3 Dimetrische Darstellung der Konstruktion von Durchdringungskurven mittels Hilfsebenen durch die Kegelspitzen bei der Durchdringung zweier gerader Kreiskegel

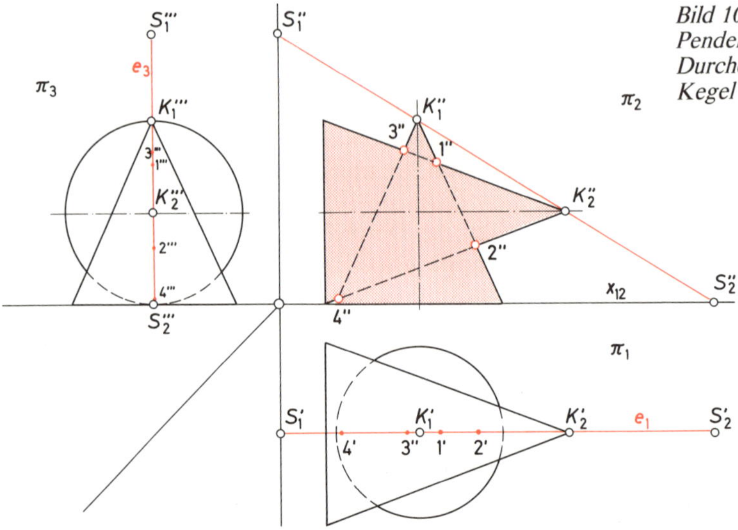

Bild 10.4 Festlegung der Pendelachse bei der Durchdringung zweier Kegel

Konstruktion:

In Bild 10.4 wird ein Hilfsschnitt, der parallel zu π_2 verläuft und senkrecht auf π_1 steht, durch die beiden Kegelspitzen K_1 und K_2 gelegt, indem man die Kegelspitzenverbindung nach beiden Seiten verlängert bis zu den Durchstoßpunkten S_1 und S_2. Die im Grundriß entstehende Spur wird mit e_1, im Seitenriß mit e_3 bezeichnet. Dieser Hilfsschnitt ergibt die Durchstoßpunkte **1**″, **2**″, **3**″ und **4**″. Um die Pendelachse $\overline{S_1S_2}$ werden weitere Schnitte gependelt. Läßt man sie, wie in Bild 10.5 zu erkennen ist, am Mantel des Kegels K_1 tangieren, erhält man anstatt einer Schnittfläche die Kegelmantellinie $\overline{K_1''A''}$. Am horizontalen Kegel K_2 ergibt sich die Schnittfläche $\triangle\ B''K_2''C''$, die von $\overline{K_1''A''}$ in **5**″ und **6**″ geschnitten wird. Es sind Wendepunkte der Durchdringungskurven. Weitere Kurvenpunkte erhält man durch beliebige Anordnung der Schnittebene (e^{**}). Bild 10.6 zeigt, wie infolge der Spuren e_1^{**} und e_3^{**} am Kegel K_1 das Schnittdreieck $\triangle\ E''\ K_1''\ D''$ und am Kegel K_2 das $\triangle\ G''\ K_2''\ F''$ ausgeschnitten wird. Beide schneiden sich in **7**″**8**″**9**″**10**″. Das Aufsuchen anderer Kurvenpunkte ist nicht notwendig, da der weitere Verlauf erkennbar ist.

Für jede Durchdringung ergeben sich neue Gesichtspunkte, weshalb die beschriebene Konstruktion der jeweiligen Aufgabe entsprechend ergänzt werden muß.

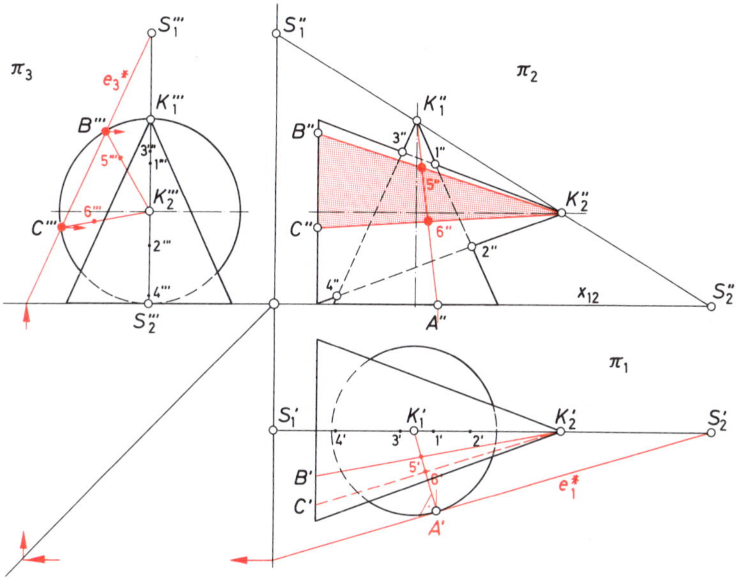

Bild 10.5 Am senkrechten Kegel tangierende Hilfsebene durch Pendelachse

Bild 10.6 Hilfsebene durch Pendelachse mit Schnitt beider Kegel

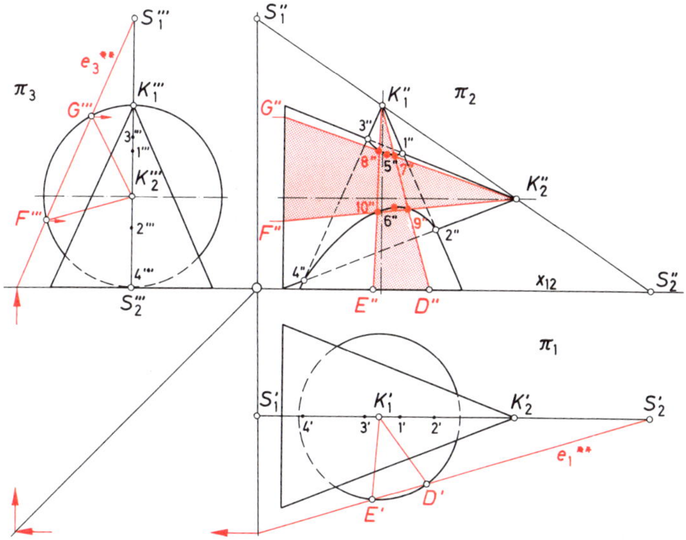

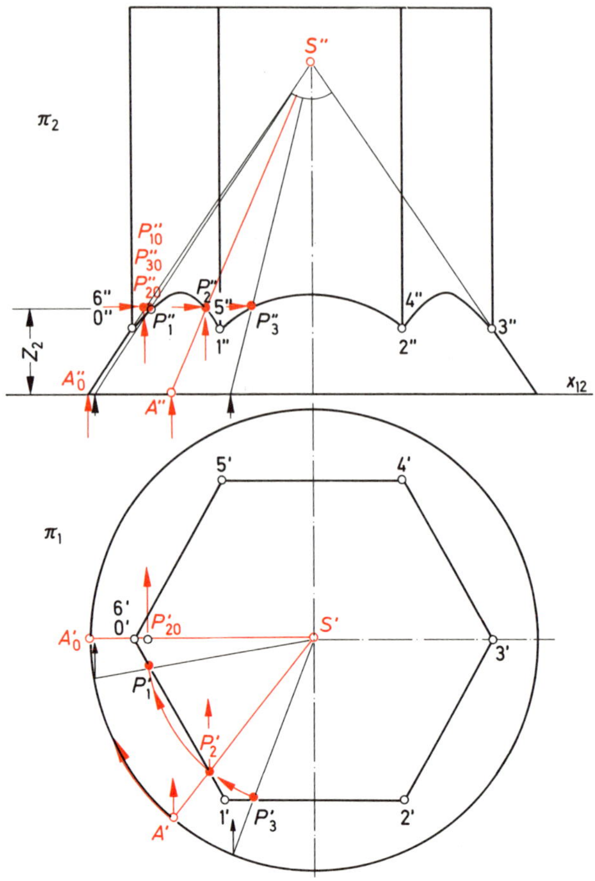

Bild 10.7 Sechsseitiges Prisma durchdringt Kegel

10.3. Rechtwinklige Durchdringung eines Kegels mit einem sechsseitigen Prisma

Bei der in Bild 10.7 abgebildeten Durchdringung durchstoßen die senkrecht stehenden Kanten des sechsseitigen Prismas in den Punkten 1 bis 6 den Kegel. Sie projizieren sich als 1′, 2′... in π_1 und werden mittels Ordnerlinien in die Aufrißebene projiziert. Weitere Durchstoßpunkte erhält man durch die Einführung beliebiger Kegelmantellinien in π_1, z.B. $\overline{S'A'}$. Sie schneiden die Prismenseite z.B. in P_2', der mittels Ordnerlinie in den Aufriß übertragen wird, wobei sich der Bildpunkt P'' ergibt.
Eine präzise Ermittlung des Schnittpunktes P_2'' wird dadurch erreicht, daß man den Abstand Z_2 des gesuchten Punktes P_2 von der Grundrißebene π_1 bestimmt, indem man die Kegelmantellinie $\overline{S'A'}$ zur Aufrißebene π_2 parallel dreht. Dabei wird gleichzeitig der

Bildpunkt P_2' parallel gedreht, er wird P_{20}'. Dieser Bildpunkt wird mit einer Ordnerlinie in den Aufriß projiziert, wo wir P_{20}'' bzw. P_{10}'' erhalten. Ihr senkrechter Abstand von $x_{12} = Z_2$. Der Einfachheit halber wird nur mit Kegelmantellinien gearbeitet. Genauer betrachtet, haben wir es aber mit Schnittlinien von senkrecht auf π_1 stehenden Hilfsebenen zu tun, deren Schnittflächen am Kegel und Prisma sich im gemeinsamen Durchstoßpunkt P_2 schneiden. Dabei gehen die Hilfsebenen durch die Spitze des Kegels.

10.4. Rechtwinklige Durchdringung eines Kegels mit vierseitigem Prisma

Bei der in Bild 10.8 vorliegenden Durchdringung erzeugen die durch die Spitze des Kegels gelegten Hilfsebenen in beiden Körpern Schnittflächen, deren gemeinsame Schnittpunkte gesuchte Durchdringungspunkte sind. In der Regel genügt das Aufsuchen markanter Kurvenpunkte, um den Verlauf der Durchdringungskurve bestimmen zu können.

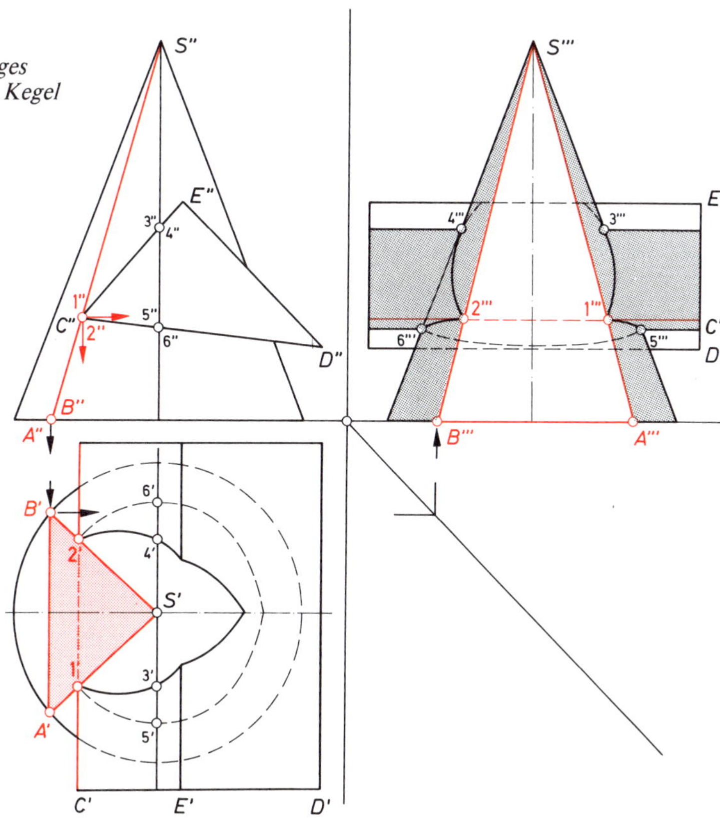

Bild 10.8 Vierseitiges Prisma durchdringt Kegel

Im dargestellten Fall ergibt der Hilfsschnitt durch die Kegelspitze S und die Prismenkante C im Aufriß π_2 die Schnittfläche $\triangle S''A''B''$, in π_1 $\triangle S'A'B'$ und in π_2 $\triangle S'''A'''B'''$. Ihr Schnitt mit der Prismenkante C zeigt im Aufriß die Durchstoßpunkte **1**″ und **2**″, im Grundriß **1**′ und **2**′ sowie im Seitenriß **1**‴ und **2**‴. Entsprechend legt man durch die anderen Prismenecken D und E Hilfsschnitte. Sogenannte Wendepunkte wie **3**, **4**, **5** und **6** sind auf dieselbe Weise bestimmbar. Ihre Festlegung in den einzelnen Bildebenen vervollständigt normalerweise den Verlauf der gesuchten Durchdringungskurve.

11. Durchdringungskurven an Drehkörpern, deren Achsen sich schneiden unter Anwendung des Hilfskugelverfahrens

11.1. Hilfskugelverfahren

Die **zentrische Durchdringung** von Drehkörpern mit **Kugeln** ergibt **Kreise**, deren Schnittpunkte gesuchte **Punkte** der **Durchdringungskurve** sind. Bild 11.1 zeigt die Konstruktion, bei der man den **Achsenschnittpunkt** M zweier sich durchdringender Körper als Mittelpunkt einer Anzahl **gedachter konzentrischer Hilfskugeln** verwendet. Sie werden als Kreise abgebildet, die man von beiden Körpern, z.B. Kegel und Zylinder, durchdringen läßt. Die dabei entstehenden Durchdringungskreise gehören jeweils immer sowohl der Kugel als auch den beiden Körpern an. In Bild 11.1 sieht man, wie der Schnitt der Hilfskugel mit Mittelpunkt M am Zylinder die Sehne $\overline{A''B''}$ und am Kegel die Sehne $\overline{C''D''}$ ausschneidet. Ihr Schnittpunkt **1**″ ist ein Punkt der Durchdringungskurve.
Die Übertragung der gefundenen Durchdringungspunkte in die anderen Ansichten erfolgt mit Hilfe bekannter Konstruktionsmöglichkeiten.

11.1.1. Schräg liegender Zylinder durchdringt waagrechten Zylinder

Bei der in Bild 11.2 dargestellten Zylinderdurchdringung erhält man die Durchdringungskurve durch Kreise um den gemeinsamen Achsenschnittpunkt M mit Radius r, die am

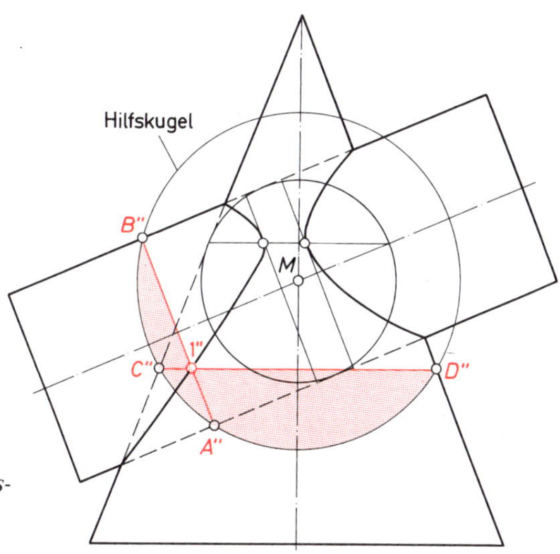

Bild 11.1 Durchdringungskurven mit Hilfskugelverfahren

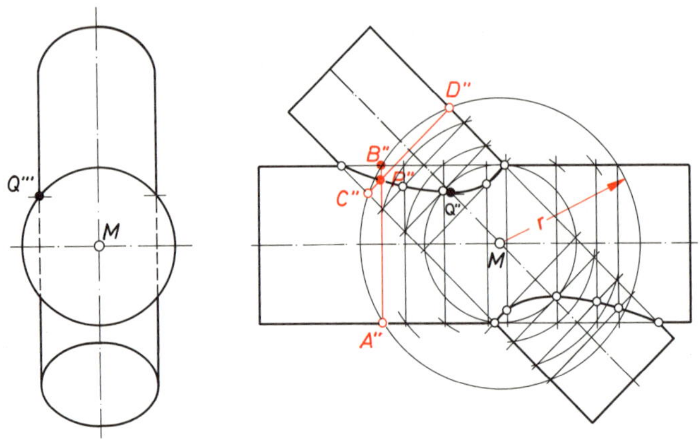

Bild 11.2 Zylinderdurchdringung mit Hilfskugelverfahren

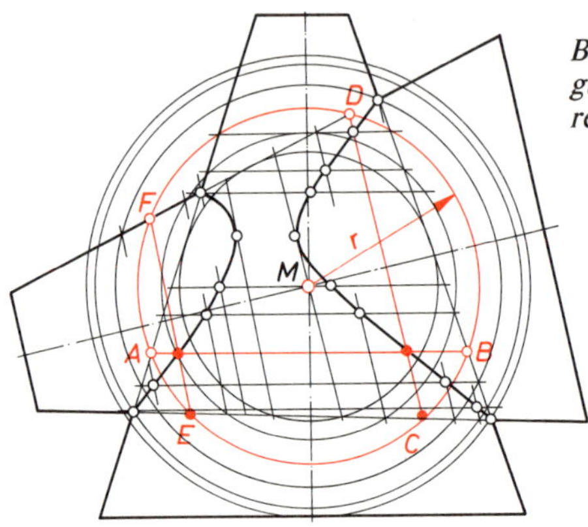

Bild 11.3 Kegeldurchdringung mit Hilfskugelverfahren

waagrechten Zylinder die Sehne $\overline{A''B''}$ und am schräg liegenden Zylinder die Sehne $\overline{C''D''}$ ausschneiden, sie schneiden sich in P.
Zur Bestimmung des Wendepunktes **Q''** ist es von **Vorteil**, eine **Seitenansicht** als **Hilfsfigur** zu konstruieren. Dort bildet sich **Q'''** als Mantelliniendurchstoßpunkt ab, der in die Hauptansicht übertragen wird.

11.1.2. Kegel durchdringt Kegel

Für die in Bild 11.3 abgebildete Kegeldurchdringung kann die Konstruktion nach Bild 11.2 sinngemäß angewandt werden.

11.1.3. Kegel durchdringt Rohrkrümmer

Konstruktion zu Bild 11.4:
Ein beliebiger Strahl, vom Mittelpunkt 0 des Rohrstückes aus gezogen, schneidet den Mittellinienbogen des Rohres A. Lot in A ergibt M auf der Kegelachse. M = Mittelpunkt

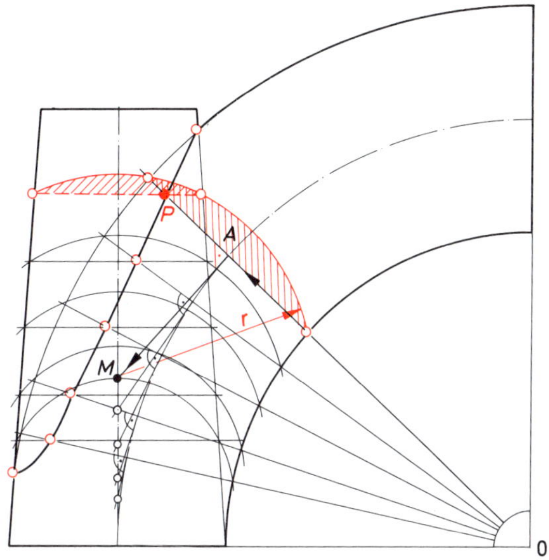

Bild 11.4 Kegel durchdringt Rohrkrümmer

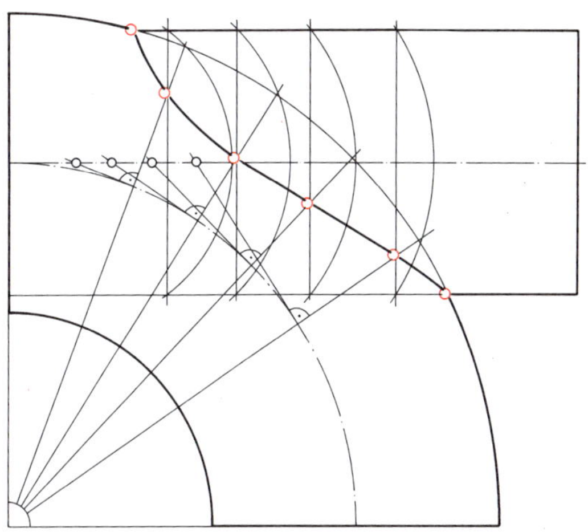

Bild 11.5 Zylinder durchdringt Rohrkrümmer

für den Kugelschnitt mit *r* als Radius. Die Schnittpunkte im Kegelstück und Rohrbogen werden verbunden. Sie schneiden sich in *P*. Die Kugelschnitte ergeben die gesuchten Punkte.

11.1.4. Zylinder durchdringt Rohrkrümmer

Konstruktion zu Bild 11.5 entsprechend dem unter Bild 11.4 Gesagten.

Stichwortverzeichnis

K

L

M

N

O

P

Q

R

S

U

V

W

Z